机构投资者、股价信息含量与市场效率研究

王谨乐 著

本书获得教育部人文社会科学研究一般项目（21YJC790113）、辽宁省"兴辽英才计划"青年拔尖人才项目（XLYC1907030）、辽宁省社会科学规划基金项目（L20BJY027）和东北财经大学优秀学术专著资助项目（zzzz20220207）资助

科学出版社

北 京

内 容 简 介

本书立足于中国金融市场当前"新兴+转轨"的大背景，旨在搭建一个描述机构投资者、股价信息含量与市场效率之间关系的理论框架。本书在文献综述和对我国相关制度背景分析的基础上，主要通过实证研究的方式，揭示我国机构投资者影响市场效率的路径和方式，并明确股价信息含量对公司及市场主体等方面带来的影响，使人们能够更加清晰、准确地评估我国机构投资者在提升市场效率方面所扮演的角色，同时明确股价信息对市场效率的各类经济后果，为今后其他学者的相关研究提供有价值的参考和借鉴。

本书适合高等院校经济管理专业的教研人员和研究生、业界人士及金融监管和政策制定者阅读与参考。

图书在版编目（CIP）数据

机构投资者、股价信息含量与市场效率研究 / 王谨乐著. —北京：科学出版社，2023.7

ISBN 978-7-03-075954-2

Ⅰ. ①机… Ⅱ. ①王… Ⅲ. ①股票市场–研究–中国 Ⅳ. ①F832.51

中国国家版本馆 CIP 数据核字（2023）第 123902 号

责任编辑：邓　娴 / 责任校对：姜丽策
责任印制：张　伟 / 封面设计：有道文化

科学出版社 出版
北京东黄城根北街 16 号
邮政编码：100717
http://www.sciencep.com

中煤（北京）印务有限公司印刷
科学出版社发行　各地新华书店经销

*

2023 年 7 月第 一 版　开本：720×1000　1/16
2024 年 1 月第二次印刷　印张：12
字数：250 000

定价：130.00 元
（如有印装质量问题，我社负责调换）

前　　言

　　机构投资者是不是理性的知情交易者，其行为对市场的运行和发展起到积极作用还是消极作用，一直都是学者争议的重要课题。学者分别从公司治理、市场稳定性、市场流动性等角度对机构投资者行为进行研究，在对机构投资者发展状况进行衡量的同时为机构投资者的未来发展提供了一定的理论依据，也提出了一定的政策性建议。

　　代理成本一直是学者研究机构投资者不可避免的问题，代理成本源于信息不对称，任何形式的代理成本都会降低公司价值。机构投资者在专业方面、信息方面及资金方面等所具备的优势，可以对管理层起到显著的监督作用，因此可以通过增强对管理层的监督，降低管理层和投资者的信息不对称程度，进而降低公司代理成本；股票流动性被认为可以通过增强管理层受激励的程度来有效降低代理成本；提高信息披露质量可以直接降低公司信息不对称程度进而降低公司代理成本。因此，更多的机构投资者持股比例、更高的股票流动性、更强的信息披露质量，意味着更低的公司信息不对称程度。如果股价信息含量可以通过降低公司信息不对称程度来降低公司代理成本，则股价信息含量在公司信息不对称程度高的情况下对公司信息不对称程度及代理成本的降低作用更强，而那些信息较透明、信息不对称程度越低的公司，股价信息含量对公司信息不对称程度和代理成本的降低作用越弱，即机构投资者持股比例、股票流动性和信息披露质量的增加会削弱股价信息含量对公司信息不对称程度及代理成本的降低作用。

　　股价的信息含量对投资者来说至关重要。近年来学者对股价非同步性赋予了信息风向标的作用，将股价非同步性与公司特质信息含量联系起来，基于金融理论、委托代理理论、信息不对称理论、公司治理理论等，对拟合优度 R^2 背后的生成机制、作用渠道和影响后果展开富有成效的研究。关于股票同步性是否代表信息，学术界存在争议。信息效率观认为，低股价同步性代表股价能够及时、准确地反映公司特质信息，是高效率的表现；而噪声交易观认为，信息并不能解释全部的股价波动，支持信息效率的学者大都忽视了噪声的存在。公司基本面因素无法完全解释超额波动率现象，由于投资者的非理性行为和较低的定价效率，较低的股价同步性与噪声更相关。股价波动率很大一部分是由噪声引起的，尤其是发展中国家。其实股价同步性代表信息还是噪声，这种分歧实际上是市场效率所致的，公司信息资本化和噪声都可能造成较低的股价同步性。

出于交易动机、预防性动机和前瞻性动机，公司会持有超额现金以满足公司日常经营过程中交易的流动性需求，防范未来风险及不错过好的投资机会，但现金持有存在机会成本。与不存在融资约束问题的公司相比，存在融资约束问题的公司现金持有价值更高，且融资约束问题越严重的公司，其现金持有价值越高。融资约束会导致一系列的不良经济后果，阻碍社会经济发展和企业的良性发展。融资约束会弱化企业竞争力，对行业竞争起负面作用，融资约束对投资有负向影响，制约中国对外直接投资能力，尤其是民营企业的出口。中国经济转型时期，金融体系承载国有企业的政策性负担，导致民营企业和中小企业受融资约束限制加剧，甚至导致中国现金流不充裕的企业为了寻求新的融资渠道转而选择出口。

与股价非同步性相对的是股价同步性。股价同步性是指单个公司股价变动与市场平均股价变动之间的关联性，即在中国通常所说的"同涨同跌"现象。关于股价同步性的研究，国内外学者进行了大量的探索。股票市场是信息的市场，蕴含在股价中的公司信息对市场参与者合理判断公司价值，进而发挥资本市场的资源配置效率起着十分重要的作用。股票价格的波动究竟代表信息还是噪声，将直接影响到股票市场信息传递的效率。

目前，学术界对于股价同步性的研究主要存在两种观点，一种是"信息假说"，另一种是"噪声假说"。"信息假说"认为，市场有效性较强，信息能迅速地反映在价格上，使得更多公司特质信息融入股价中，从而股价能更好地反映公司价值，股价同步性与股价信息含量负相关。"噪声假说"则认为，股价波动的非同步性主要由噪声引起，市场中的噪声交易者误将噪声当作信息进行交易，此时较低的股价非同步性并非意味着更多的公司特质信息，这一现象将会导致股票价格偏离公司基本价值，股票市场信号传递机制被破坏，股票价格的筛选和甄别功能被削弱，资本市场通过价格来配置资源的效率受到不利影响。这样，由噪声引起的股价非同步性会对资本市场的发展产生负面影响。

显然，作为一个投资者保护差、市场化程度低及政府行为对资源配置有重要影响的新兴资本市场，噪声对中国证券市场的影响不容忽视。同时，股价同步性与噪声的反向关系在中国股票市场中已经得到了大量文献的验证。

目前，中国的证券市场尚不成熟，信息不对称水平较高，信息复杂性也较高，如多元化公司的具体财务状况、经营成果和现金流量难以通过一套财务报表反映出来，外部想要获悉集团公司内部的经营情况信息难度更大，这将提高公司内外部的信息不对称水平。信息不对称则会造成资源错配，进而导致市场失灵。在中国证券市场中，中小投资者仍占较大比例，他们自身在信息获取和专业解读方面能力较弱。

在财务报告附注中披露的相关信息，需要使用财会类专业知识才能判断出公司内部的具体情况，中小投资者无法进行专业分析，需要分析师帮助其解读信息和做出决策。大量学者研究表明，中国仍处于弱式有效市场，分析师可以利用公开信息和内幕信息进行技术分析，帮助投资者获得收益，市场对分析师的需求增加。

分析师主要通过公开信息和私有信息进行预测。在公开信息中，管理层能够对公司盈余进行操纵或修饰，一方面，他们可能为了自身的长远发展向外披露不真实的信息；另一方面，他们为了应对市场监管，只披露基本财务信息。当披露的公开信息不真实、不可靠时，分析师需要花费大量的时间、精力主动挖掘私有信息以消除对公开信息的质疑。但在2006年，深圳证券交易所发布"上市公司公平信息披露指引"，禁止上市公司与分析师私下交流信息，使市场上私人信息供给减少。此时，若上市公司的股价信息含量丰富，分析师更倾向从股价这种获取成本较低的公开信息中分析上市公司的基本状况。

在当前中国金融市场面临"新兴+转轨"的背景下，本书意图建立一个理论框架，描述机构投资者、股价信息含量与市场效率之间的关系，进行实证分析来研究机构投资者对代理成本、融资约束、审计收费及市场效率会产生怎样的影响。通过研究上述问题，希望找出机构投资者是通过何种路径与方法对代理成本产生影响的，以及清楚地了解机构投资者的交易行为所带来的不同的经济后果，从而使人们能够更清晰、准确地评估机构投资者在提升公司价值、缓解信息不对称和稳定市场等方面所发挥的作用，使得公司金融学、投资者行为学和金融市场学等相关学科的理论体系得到进一步完善与发展，并为今后其他学者的研究提供有价值的参考和借鉴。

结合具体的研究成果，本书试图对"机构投资者如何影响市场效率？""股价信息含量如何影响代理成本？""股价信息和融资约束之间的关系是什么？"等课题有一个清晰的解答，并为中国政府监管部门制定相关政策和法规提供可靠的微观基础和理论依据。最终，它将促进中国机构投资者的规范化发展，提高中国上市公司的治理效率，促进金融市场健康发展。

本书在文献综述和对中国相关制度背景分析的基础上，通过实证研究的方式，揭示中国机构投资者影响市场效率的路径和方式，并明确股价信息含量对代理成本及融资约束等方面带来的影响。

本书的实证研究主要包括以下五个具体专题。

专题一：机构投资者持股对市场效率的影响。该专题重点研究以下问题：①机构投资者对资本市场的影响角度；②如何解决机构投资者在持股方面存在的选择性偏差问题；③股价信息含量指标的测度。

专题二：股价信息含量与公司价值。该专题重点研究以下问题：①公司信息不对称指标的测度；②股价信息含量对代理成本或公司价值有何影响；③股价信息含量对代理成本和公司价值的作用机制。

专题三：股价信息含量与融资约束。该专题重点研究以下问题：①股价信息含量的测度；②融资约束的分组变量的构建；③股价信息含量能否缓解融资约束；④不同市场效率和行业成熟度下股价信息含量对融资约束的缓解程度是否一致；⑤股价信息含量缓解融资约束的作用方式。

专题四：股价信息含量与审计收费。该专题重点研究以下问题：①股票市场价格波动指标的测度；②股价同步性影响审计收费的路径；③股价非同步性的经济后果；④股价非同步性的驱动因素。

专题五：股价信息含量与分析师预测。该专题重点研究以下问题：①股价信息含量是否真实起到增加分析师预测准确度的作用；②分析师预测行为影响因素的研究链条。

本书综合运用投资者行为、金融市场等多个学科领域的经典理论与前沿分析模型，采用理论与实证相结合的研究方法。

本书的第 1~5 章均属于理论分析范畴，通过对机构投资者的发展历程、机构投资者的行为特征及股价信息含量与代理成本、融资约束之间的关系等方面的回顾与阐述，同时借鉴西方成熟市场的发展经验，分析得出中国发展机构投资者的重要性及其对股价信息含量与市场效率可能存在的影响作用。本书的第 6~10 章属于实证研究范畴，即运用恰当的分析方法，在理论分析提出的相关假设的基础上进行求证，试图找出中国机构投资者在股价信息含量和市场效率之间存在的一般规律，并做出解释。本书实证研究部分所采用的研究模型和技术手段主要包括面板回归模型[随机效应、固定效应（fixed effect, FE）]、面板门槛模型（panel threshold model，PTM）、倾向得分匹配（propensity score matching，PSM）方法、随机前沿分析（stochastic frontier analysis，SFA）方法、普通最小二乘（ordinary least squares，OLS）法等。

概括来说，上述研究方法均为社会科学领域的基本分析手段。理论研究侧重于回答"应该是什么"的问题，基本都是定性研究。实证研究则侧重于回答"到底是什么"的问题，以定量研究为主，也包括一定的定性研究。本书从理论和实证两个层面出发，将定量研究和定性研究相结合，力求得到更加稳健且具有说服力的结论。

本书立足于中国现实的市场环境，在借鉴已有相关研究的基础之上，选取一些独特的研究视角和新颖的研究方法来考察中国机构投资者与股价信息含量之间的关系及其对市场效率的影响。具体而言，本书的特色主要体现在以下几个方面。

（1）先前关于机构投资者持股与市场效率的研究大多先假设机构投资者持股与市场效率之间的关系，再进行线性回归分析验证，而事实上，基于此类分析框架的实证研究不但过程较为单一，且缺乏严密的逻辑论证。本书是在考虑到样本选择偏误可能产生内生性问题并对研究结论产生影响的情况下，选择采用PSM方法，基于客观事实，通过比较匹配后机构股与普通股产出变量的组间差异得出机构投资者持股对市场效率的"净"影响，从而有效避免了机构投资者持股的流动性偏好对结论的影响，研究结论更加稳健可靠。本书引入去除管理者私人信息的股价信息含量指标，将管理者私人信息分离出去，得到来源于外部投资者的股价信息含量，区分股价同步性的两个来源，即管理层与外部投资者。该做法有效排除了机构投资者与企业管理者勾结进行私募交易从而导致的股价信息含量的增加，以此衡量机构投资者对市场效率的影响更能精确体现机构投资者作为理性交易者发挥了提高市场效率的作用。

（2）以往的文献大多使用管理费用率、资产周转率或者在职消费等间接指标衡量代理成本，本书根据Jensen和Meckling（1976）对代理成本的定义，使用SFA模型测算上市公司实际价值偏离最优价值的程度，并以此估计代理效率和代理成本。考虑到股价信息含量与代理成本之间存在互为因果的内生性问题，本书运用PSM模型使研究结果稳健性大大提升。近年来的很多研究表明，股价信息含量与公司治理的关系密切，在公司治理的很多方面发挥作用，但现有大多数股价信息含量与公司治理方面的文献研究的是股价信息含量对公司投资的影响，从现有文献来看，还很少有研究人员关注股价信息含量对公司代理成本的影响，本书重点关注股价信息含量对公司代理成本的影响。

（3）投资者与公司之间的信息不对称会导致公司融资成本过高，使公司面临融资约束。本书探讨了股价非同步性的经济后果，将股价非同步性与融资约束联系起来，即股价非同步性能够降低公司现金持有价值，从而缓解融资约束；讨论了市场效率对股价非同步性缓解融资约束的调节效应。本书还探讨了不同行业成熟度下股价非同步性对融资约束的缓解情况，以及2015年末供给侧结构性改革对股价非同步性缓解融资约束的影响。

（4）根据已有文献资料，本书验证了股价非同步性与审计收费之间的关系，将资本市场因素与审计市场联系起来。研究表明，股价非同步性通过影响公司从而间接影响审计收费。本书还探讨了其背后的影响机制，认为噪声越大的公司盈余管理程度和公司经营风险越高，审计师基于审计成本和审计风险的考虑会收取更高的审计费用。本书的研究既丰富了股价非同步性的研究成果，也拓展了审计收费的相关研究。关于股价非同步性在不同市场环境下表现为噪声或信息的双重属性，本书给出了直接的经验证据。已有研究大多关注股价非同步性的生成机制，而本书则聚焦于股价非同步性的经济后果，为市场效率的相关研究提供了新的视角。

（5）本书为分析师盈余预测准确性提供了一个全新的信息来源——股价信

息含量，分析股价信息含量能否降低分析师预测偏差，并根据信息披露质量进行分组，检验股价信息含量在不同的信息披露质量下，如何发挥其对分析师预测的影响。以往文献多是研究分析师对股价信息含量的影响，本书做了反向研究，开拓了一个新的思路。

目　　录

上篇　理　论　篇

第 1 章　机构投资者持股与市场效率 ⋯⋯⋯⋯⋯⋯⋯⋯⋯⋯⋯⋯⋯⋯⋯⋯ 3
　1.1　机构投资者持股的交易行为对市场效率的传导 ⋯⋯⋯⋯⋯⋯⋯⋯⋯ 3
　1.2　机构投资者持股通过改善公司治理对市场效率的传导 ⋯⋯⋯⋯⋯⋯ 3

第 2 章　股价信息含量与代理成本 ⋯⋯⋯⋯⋯⋯⋯⋯⋯⋯⋯⋯⋯⋯⋯⋯⋯ 5
　2.1　机制分析 ⋯⋯⋯⋯⋯⋯⋯⋯⋯⋯⋯⋯⋯⋯⋯⋯⋯⋯⋯⋯⋯⋯⋯⋯⋯ 5
　2.2　实证设计原理 ⋯⋯⋯⋯⋯⋯⋯⋯⋯⋯⋯⋯⋯⋯⋯⋯⋯⋯⋯⋯⋯⋯⋯ 6

第 3 章　股价信息含量与融资约束 ⋯⋯⋯⋯⋯⋯⋯⋯⋯⋯⋯⋯⋯⋯⋯⋯⋯ 9
　3.1　融资约束与信息不对称 ⋯⋯⋯⋯⋯⋯⋯⋯⋯⋯⋯⋯⋯⋯⋯⋯⋯⋯⋯ 9
　3.2　股价非同步性与融资约束 ⋯⋯⋯⋯⋯⋯⋯⋯⋯⋯⋯⋯⋯⋯⋯⋯⋯⋯ 9

第 4 章　股价非同步性与审计收费 ⋯⋯⋯⋯⋯⋯⋯⋯⋯⋯⋯⋯⋯⋯⋯⋯ 11
　4.1　噪声与股价非同步性 ⋯⋯⋯⋯⋯⋯⋯⋯⋯⋯⋯⋯⋯⋯⋯⋯⋯⋯⋯⋯ 11
　4.2　审计成本、审计风险与审计收费 ⋯⋯⋯⋯⋯⋯⋯⋯⋯⋯⋯⋯⋯⋯ 12

第 5 章　股价信息含量与市场效率 ⋯⋯⋯⋯⋯⋯⋯⋯⋯⋯⋯⋯⋯⋯⋯⋯ 13
　5.1　有效市场假说 ⋯⋯⋯⋯⋯⋯⋯⋯⋯⋯⋯⋯⋯⋯⋯⋯⋯⋯⋯⋯⋯⋯⋯ 13
　5.2　信息不对称理论 ⋯⋯⋯⋯⋯⋯⋯⋯⋯⋯⋯⋯⋯⋯⋯⋯⋯⋯⋯⋯⋯ 14
　5.3　信息处理成本假说 ⋯⋯⋯⋯⋯⋯⋯⋯⋯⋯⋯⋯⋯⋯⋯⋯⋯⋯⋯⋯ 14

下篇　中国市场篇

第 6 章　机构投资者对股价信息含量的影响研究 ⋯⋯⋯⋯⋯⋯⋯⋯⋯⋯ 19
　6.1　理论分析与研究假说 ⋯⋯⋯⋯⋯⋯⋯⋯⋯⋯⋯⋯⋯⋯⋯⋯⋯⋯⋯ 19
　6.2　研究设计 ⋯⋯⋯⋯⋯⋯⋯⋯⋯⋯⋯⋯⋯⋯⋯⋯⋯⋯⋯⋯⋯⋯⋯⋯ 21
　6.3　实证检验 ⋯⋯⋯⋯⋯⋯⋯⋯⋯⋯⋯⋯⋯⋯⋯⋯⋯⋯⋯⋯⋯⋯⋯⋯ 25
　6.4　稳健性检验 ⋯⋯⋯⋯⋯⋯⋯⋯⋯⋯⋯⋯⋯⋯⋯⋯⋯⋯⋯⋯⋯⋯⋯ 34
　6.5　本章小结 ⋯⋯⋯⋯⋯⋯⋯⋯⋯⋯⋯⋯⋯⋯⋯⋯⋯⋯⋯⋯⋯⋯⋯⋯ 41

第 7 章　股价信息含量对公司价值的影响 ································ 44
7.1　理论分析与研究假说 ·· 44
7.2　研究设计 ·· 45
7.3　实证检验 ·· 52
7.4　稳健性分析 ·· 61
7.5　本章小结 ·· 72

第 8 章　股价信息含量对融资约束的影响研究 ····························· 75
8.1　理论分析与研究假说 ·· 75
8.2　研究设计 ·· 76
8.3　实证检验 ·· 79
8.4　稳健性分析 ·· 83
8.5　异质性分析 ·· 94
8.6　本章小结 ·· 104

第 9 章　股价信息含量对审计收费的影响 ································ 107
9.1　理论基础与研究假设 ·· 107
9.2　研究设计 ·· 111
9.3　实证检验 ·· 113
9.4　稳健性分析 ·· 117
9.5　进一步研究 ·· 125
9.6　本章小结 ·· 132

第 10 章　股价信息含量对分析师预测的影响 ····························· 134
10.1　理论分析与研究假说 ·· 134
10.2　研究设计 ·· 137
10.3　实证检验 ·· 143
10.4　稳健性分析 ·· 156
10.5　研究结论与政策建议 ·· 167

参考文献 ·· 169

上篇 理 论 篇

第1章 机构投资者持股与市场效率

1.1 机构投资者持股的交易行为对市场效率的传导

我们把市场上的投资者分为机构投资者和普通投资者。机构投资者往往被认为是专业的、理性的投资者,和普通投资者相比,其信息渠道更加丰富,投资人员更加专业,往往被认为具备丰富的行业经验和专业知识,能够搜集到更多、更可靠的信息,拥有更加尖端的分析技术和投资策略,因此有可能做出最优的交易决策。机构投资者利用自身特有优势在资本市场上进行交易,会向整个市场传递其持股变化情况,这种持股变化本身就是一种信息,并且这种信息种类和数量在一定程度上与其持股规模有很大的关联。

Chordia 等(2005)发现,新信息的调整可以在股价变动的 30 分钟内完成。这是因为专业投资者(如做市商等)可以通过自己的交易活动,借助自身的规模优势及专业能力,来引导价格进行变动,使其调整到包含新信息的"正确"价格上来。他们这种对市场信息的处理能力和对价格的引导能力,可以有效地降低可能的错误定价,有助于股价快速回归基本面水平,更及时地将相关信息反映到股价中,客观上提高了股价的信息含量,从而提高了市场效率。

1.2 机构投资者持股通过改善公司治理对市场效率的传导

在对一家公司进行投资后,机构投资者便拥有了公司治理权力,并且出于自身利益考虑，机构投资者更愿意花费时间和精力参与上市公司治理，通过完善上市公司的治理结构，促进其业绩的提升从而达到自身取得较好收益的结果。肖星和王琨（2005）早在2005年便研究证明了上述观点，机构投资者参与了上市公司的治理后，起到了改善公司业绩的作用。

进一步地，无论机构投资者出于什么目的，其参与公司治理的行为都会在一定程度上提高公司信息透明度，促进公司治理水平的提高，从而有效地缓解公司内部管理者与外部投资者之间的信息不对称程度。研究显示，机构投资者持股比例与参与公司治理的积极性成正比（童卫华，2018），机构投资者持股有利于公司信息透明度的增强，使得公司经营运作更加规范。首先，公司治理的改善会对公司盈余管理有一定的抑制和监督作用。例如，机构投资者会在自身利益受到威胁时，向股东和公众揭发公司盈余管理行为；机构投资者为了抑制公司盈余管理行为，甚至可以大规模抛售公司股票。程书强（2006）的研究就证明了上述观点，他发现机构投资者持股不利于公司进行盈余管理。Karamanou 和 Vafeas（2010）给出了如下结论：盈余管理行为的降低将会提高私有信息的披露质量，并且降低获取公司层面信息的难度和成本。也就是说，机构投资者持股后更愿意参与公司治理进而导致公司盈余管理降低、信息披露质量上升，这将使整个市场的信息成本变低，搜集信息的边际收益变高，加快投资者搜集信息的步伐，从而提高市场效率。其次，公司高管相比外部投资者来说，掌握着更多披露的或未披露的公司特质信息，这导致其可能会利用这些私有信息进行一系列操作从而侵占外部投资者的利益。然而，Fishman 和 Hagerty（1992）指出，公司治理水平的提高有助于加强管理层监督，对公司高管有一定的限制作用，避免持有公司内部信息的人员损害外部投资者的利益，有效地增加了外部投资者的信息知情权，保障了外部投资者的权益，进而提高了市场效率。

第 2 章 股价信息含量与代理成本

2.1 机 制 分 析

2.1.1 监督机制分析

股价信息含量可以通过增强投资者对公司管理层的监督,降低双方间的信息不对称程度,进而降低代理成本和增加公司价值。

委托代理问题产生的根源是所有权与控制权的分离,而该问题严重与否则取决于所有权人与控制权人的利益相关程度,当二者利益相关程度较低时,所有权人将面临高昂的代理成本,相关成本的降低往往需要依赖政治或经济等条件建立权力约束,以及对控制权人进行的有效监督(Berle and Means,1930)。

杨继伟(2011)的研究结果显示,股价信息含量可以加强股东监督管理层对公司自有现金流过度投资的滥用行为。Durnev 等(2004)认为富含信息的股价可以增加公司信息透明度,提高股东监督管理层的效率;Defond 和 Hung(2004)发现富含信息的股价能有效降低公司信息不对称程度,促进投资者监督和发现管理层的败德行为。因此,富含信息的股价可以降低代理成本和增加公司价值。

2.1.2 激励机制分析

股价信息含量可以通过增强对公司管理层的激励,提升双方间的利益相关程度,进而降低代理成本和增加公司价值。

Jensen 和 Meckling(1976)提出,股权激励制度可激励经营者使公司股东与经营者的目标趋近一致,降低公司代理成本。王克敏和陈井勇(2004)认为披露信息的程度与经理人形成约束的程度正相关。Holmström 和 Tirole(1993)指出,股价包含了不能从现有短期和长期的数据计算出来的公司业绩信息，这些信息能够对公司控制权人的努力水平进行识别，表明公司所有权人抑制委托代理问题、降低代理成本的一种有效手段是针对公司经理人设计并实施恰当的股权激励政策。Kang 和 Liu（2008）指出，经由二级市场的频繁交易，股价信息含量显著增加，相关信息反映了公司经理人的努力水平，并表明公司所有权人得以据此改进经理人的薪酬体系，增加激励强度，同时，富含信息的股价中包含经理人所没有掌握的信息，促使经理人做出更好的投资决策，同样提升了激励水平。Hutton 等（2008）的研究结果表明股价信息含量与股票内在价值显著相关，公司所有权人通过设定价值较高的股权激励方案，能够有效提升公司经理人增加公司业绩的意愿。

2.1.3　信息不对称机制分析

股价信息含量可以直接降低投资者和管理层之间的信息不对称程度，进而降低代理成本和增加公司价值。

代理问题本质上是由公司所有权人与控制权人之间的信息不对称造成的，监督和激励都是降低信息不对称的具体解决方法，同时，也有一些措施可以直接降低股东和管理者之间的信息不对称程度。股价作为金融市场上的公开信息，股东可以通过股价获得管理者不愿意披露的信息，富含信息的股价被认为可以直接降低股东和管理者之间的信息不对称程度。Durnev 等（2004）认为富含信息的股价可以增加公司信息透明度，Defond 和 Hung（2004）发现富含信息的股价能有效降低公司信息不对称程度。

2.2　实证设计原理

2.2.1　以机构投资者持股衡量上市公司的信息不对称程度

研究表明，机构投资者凭借自身多方面的优势，对管理层有更加显著的监督作用，在很多文献中都被证明可以通过增强管理层的监督来降低管理层和股东（投资者）之间的信息不对称程度，进而降低公司代理成本（Shleifer and Vishny，1986；Shleifer and Vishny，1989；Agrawal and Mandelker，1990；Shleifer and Vishny，1997）。王文虎等（2015）发现，机构投资者有多种手段可以增强对管理层的监督。机构投资者可以结合自身较强的信息甄别、解读能力约束经理人对财务报告的人为干预，使其只能通过改善业绩来改善报表（Woidtke，2002；Brent，2002），机构投资者还可以选择买入优质股票，卖出不满意股票（Admati et al.，1994；Parrino et al.，2003）的方式来表达对公司管理经营的认可度。

由于机构投资者对公司管理层具有监督效应，当机构投资者持股比例较低时，代理成本较为高昂。若股价信息含量可以通过降低公司信息不对称程度进而降低代理成本，在机构投资者持股比例较低时，股价信息含量对代理成本的降低作用将会十分显著；在机构投资者持股比例较高时，机构投资者对公司管理层的监督水平较强，股价信息含量对代理成本的降低作用将弱于机构投资者持股比例较低的情况。

2.2.2 以股票流动性衡量上市公司的信息不对称程度

股票流动性被认为可以通过增强管理层受激励的程度有效降低代理成本（Tirole，2003）。Holmström 和 Tirole（1993）通过理论模型指出，股票流动性上升后，私人信息的边际价值增加，因此，非知情交易者愿意支付一定的信息费用，以获取知情交易者掌握的信息优势，从而导致公司特质信息不断融入股价，股价更能体现公司基本面和经理人行为。此时，利益相关者可向首席执行官（chief executive officer，CEO）提供高强度的业绩型薪酬并大幅增加股权报酬的比重，CEO 薪酬业绩敏感性必然随之上升，使得公司所有权人与控制权人的利益相关程度更高，此时股权激励机制具有更大的作用。Jayaraman 和 Milbourn（2012）实证检验发现，经理人股权激励收入占其总薪酬的比例，以及经理人对股权激励方案中的定价敏感性，均与股票流动性呈现正相关关系。苏冬蔚和熊家财（2013）发现股票流动性对提高 CEO 薪酬股价敏感性和降低代理成本有显著作用。

由于股票流动性对公司管理层的激励程度存在影响，当股票流动性较低时，代理成本较为高昂。如果股价信息含量可以通过降低公司信息不对称程度进而降低代理成本，在股票流动性较低时，信息不对称程度较高，股价信息含量对代理成本的降低作用将会十分显著；在股票流动性较高时，股价信息含量对代理成本的降低作用将弱于股票流动性较低的情况。

2.2.3　以信息披露质量衡量上市公司的信息不对称程度

现有研究表明,信息披露能有效降低公司信息不对称程度,信息披露质量越高,公司信息不对称程度越低(Welker,1995)。阿克洛夫(2001)建立模型阐明,公司为了消除信息不对称带来的股价异常波动等有损公司价值的结果,会选择进行信息披露。孙伟和周瑶(2012)发现经披露的上市公司的企业社会责任信息能够降低我国投资者与公司间的信息不对称程度。

由于公司信息披露质量对公司管理层和股东(投资者)之间的信息不对称程度存在影响,当公司信息披露质量较低时,代理成本较为高昂。若股价信息含量可以通过降低公司信息不对称程度进而降低代理成本,在公司信息披露质量较低时,股价信息含量对代理成本的降低作用将会十分显著;在公司信息披露质量较高时,股价信息含量对代理成本的降低作用将弱于公司信息披露质量较低的情况。

第 3 章 股价信息含量与融资约束

3.1 融资约束与信息不对称

众多文献证实融资约束源于市场不完全产生的信息不对称。国内有很多学者阐述了缓解融资约束的途径，如改善金融生态环境、更有效的机构投资者参与、提高分析师质量等。在中国股票市场存在噪声交易，即在公司特质信息无法及时、充分地反映于股价中的前提下，处于金融生态环境发达地区的公司，其股价同步性普遍高于金融生态环境欠发达地区，并且股价同步性与融资约束的负相关性更明显（孙刚，2011）。机构投资者可以丰富股价中的特质信息，能够减少信息不对称程度，从而缓解公司融资约束情况（甄红线和王谨乐，2016）。分析师可以通过改善公司外部环境来降低信息不对称程度，从而缓解融资约束（张纯和吕伟，2007）。游家兴（2008）直接用股价波动同步性衡量市场效率，发现市场效率高的公司资源配置效率更高，公司价值变动对投资也更灵敏。

现金价值更加贴近融资约束的本质（甄红线和王谨乐，2016）。受融资约束的公司，其外部融资渠道更加单一，融资金额偏少，往往会持有更多的现金，超额现金持有水平往往代表了获取外部融资的难易程度，现金价值代表了融资约束的严重程度。

3.2 股价非同步性与融资约束

公司的信息越不透明，市场上可获得的信息越少，信息不对称程度越高。根据前人理论，融资约束源于信息不对称，公司融资约束越严重，被改善的空间就越大（甄红线和王谨乐，2016）。融资约束越严重的公司，在市场上的信息含量就越少，反映在股价中的信息越少。股价非同步性提升的空间较大，当股价非同步性增高时，反映在股价中的公司特质信息增多，缓解融资约束的效果更好。

第 4 章 股价非同步性与审计收费

4.1 噪声与股价非同步性

股价同步性是最近几十年迅速发展的一个研究课题，Roll（1988）最先提出股价同步性的概念，其研究发现个股股价的波动是套利交易者的交易活动导致的，即股价的非同步性波动代表了信息含量。随后，Morck 等（2000）、Jin 和 Myers（2006）通过跨国比较，分别从产权保护和信息透明度的视角出发，解释了不同国家之间股价同步性差异的原因。

随后的学者对于股价非同步性的"信息解释"提出了异议，他们认为股价波动在很大程度上是噪声导致的而非信息导致的。研究发现，基本面信息并不能完全解释股价波动，股价波动很大程度上是与投资者的非理性行为及噪声有关的。利用信息环境的代理变量进行实证研究，发现公司信息环境越差，股价非同步性就越高，支持了噪声解释。Lee 和 Liu（2001）建立的理论模型证明，当噪声较多时，股价非同步性负向地反映市场效率。de Long 等（1989）同样从理论分析的角度证明了股价较高的波动率是噪声交易引起的。Shiller（1981）认为是市场的非理性行为产生的噪声导致了股价的个性波动。Hu 和 Liu（2013）研究了中国股票市场中股价非同步性的内涵，他们认为相较于发达国家，股价非同步性在中国更多地体现为噪声而非信息。

与发达国家市场相比，中国证券市场虽然近年来发展迅速，但仍存在投资者保护差、法律制度不健全和资本市场定价效率低等特点。中国股票市场具有的上述特征使得市场中投资者投机性强，噪声对股价的影响较大（张艳，2005）。在不完善的资本市场中，股价波动主要受噪声影响，从而导致股价非同步性上升。林忠国等（2012）探究了股价非同步性与噪声之间的关系，结果表明，二者之间呈现 U 形特征，将股价非同步性指标用来衡量市场效率的做法值得商榷。孔东民（2008）认为，中国股市的股价波动更大程度地体现了市场噪声而非信息。

综上，市场效率的高低对股价非同步性衡量的内容有所不同，在市场效率高时衡量信息,在市场效率低时衡量噪声。结合中国股票市场的现实环境和已有实证结论,当前中国股票市场的股价非同步性总体上衡量了股价噪声水平,即股价非同步性越高,噪声越大。

4.2 审计成本、审计风险与审计收费

会计师事务所为公司提供审计服务,是资本市场重要的信息鉴定者,对经济健康发展发挥着重要作用。审计收费主要是被审计对象支付给会计师事务所用于弥补审计成本和审计风险的一定费用。

审计成本是审计师在执行审计程序的过程中花费的所有人力、财力和物力的成本之和,主要与审计师的工作量有关。会计师事务所的品牌或规模(张艳,2005)、审计意见类型(Defond et al.,2000)、事务所审计策略和审计专长(Chan,1999)、审计师变更、审计师任期(李爽和吴溪,2004)、会计师事务所合并(Chan,1999)或转制(李江涛等,2013)等都会对审计师决策产生影响。公司的资产结构(李补喜和王平心,2005)、客户业务复杂程度(Francis,1984)、客户所属行业和地区(刘斌等,2003)等都会影响会计师事务所的议价能力,从而影响审计定价。

审计风险是指审计师对被审计单位执行审计程序后,事后遭受诉讼风险的可能性。梳理现有研究发现,审计风险主要包括固有风险和控制风险等(Simunic,1980)。王晓等(2015)的研究表明,当会计师事务所意识到其面临的审计风险较高时,会提高审计服务的费用。Pratt 和 Stice(1994)发现,审计对象的财务情况、经营成果和现金流量越差,审计师未来面临诉讼的可能性越大,审计师要求的费用会越高。Seetharaman 等(2004)发现当公司在法制越健全的国家上市时,审计师未来面临诉讼的可能性越大,审计师要求的费用会越高。还有一些研究认为审计风险受公司治理水平影响。潘克勤(2008)认为完善的公司治理与较低的审计风险相对应,因而审计收费较低。然而,也有研究认为较好的公司治理会增加审计费用,如果一家公司的治理水平比较完善,那么更严格的制度要求意味着审计程序更严格,审计范围更大,以及更高的审计费用(Abbott et al.,2011)。

特别地,由于盈余管理程度被普遍地用来表征财务会计信息质量的高低,盈余管理现象也受到审计师的特别关注。研究发现,盈余管理与审计收费正相关(伍利娜,2003),审计师需要投入更多的时间和物力成本,来降低由公司盈余管理带来的审计风险,因此会要求更高的审计收费。

第 5 章 股价信息含量与市场效率

5.1 有效市场假说

Eugene F. Fama 在 1970 年发表的论文《有效资本市场：理论研究与实证回顾》中首次提出有效市场假说（efficient market hypothesis，EMH）理论，并且搭建了一个完整的有效市场假说理论研究框架。Fama 将证券市场上的股价和信息结合在一起，认为资本市场根据股价反映信息的情况可以分为三类，即弱式有效市场、半强式有效市场和强式有效市场。

当历史信息，包括过去的价格、收益等，已经全部反映在证券价格内时，此时的资本市场属于弱式有效市场。此时，人们无法通过技术分析从历史信息中获得超额利润，但是可以通过解读和分析公开信息来获得帮助。

在半强式有效市场中，证券价格反映了全部公开信息，包括年报、媒体评价、投融资信息、宏观经济政策等，这种情况下，投资者无法通过解读和分析公开信息获得超额收益，但是可以从内幕信息获利。

强式有效市场是一种理想化的市场，它假设证券价格反映所有信息，这是一种最有效率的市场，任何人都无法通过分析获得除了风险收益外的超额收益。

随着我国资本市场的不断发展，近年来大部分学者已经证实我国证券市场达到弱式有效市场。有效市场假说理论的重要意义之一在于它说明了信息与证券价格的相关性，为分析师利用信息进行盈余预测提供了理论基础。

股价信息含量是指股价中蕴含的上市公司特质信息的数量。股价中蕴含越多与公司有关的信息，该价格将越能真实地体现出公司的投资价值，分析师也能够利用股价中蕴含的信息进行更为准确的预测。

5.2　信息不对称理论

信息不对称理论在 20 世纪 70 年代由美国经济学家乔治·阿克罗夫、迈克尔·斯彭斯和约瑟夫·斯蒂格利茨提出。它是指在市场经济活动中，交易双方对交易对象、环境的辨别能力存在一定差异，导致双方在交易时获取的信息是不对等的，这将会使掌握信息数量较多的一方处于有利地位，而信息贫乏的一方处于相对不利的地位。掌握信息数量更多且质量相对较高的一方可以通过信息优势从信息贫乏的一方赚取利润。例如，在"柠檬市场"中，买方无法分清商品好坏，只能通过市场平均价格进行交易，最后挤出优质商品，次品卖家获利。有时卖方为了让买方相信产品的价格和质量会偏向于传递有利信息，规避产品的不良信息，从而造成交易双方的信息产生变化，易发生道德风险问题。

在资本市场上，投资者与管理层之间的信息不对称导致外部投资者难以了解公司的真实状况，只能根据市场平均水平对公司股价进行价值估计，导致真实业绩好、内在价值高的公司股票被低估从而退出市场。政府为了提高市场效率，增加信息劣势一方，如投资者的信息，降低交易双方的不对称性，会强制要求上市公司披露相关信息。但是，管理层能够对公司盈余进行操纵或修饰，他们为了自身的利益和长远发展可能向外披露不真实的信息，或者为了应对市场监管只披露基本财务信息，外部投资者无法通过这些信息全面地了解公司，进而可能做出错误的投资决策，且我国有较多的个人投资者，他们不具备较强的解读信息能力，在进行投资决策时往往会出现错误。管理层披露的信息的可靠性，也会在一定程度上影响分析师的判断。当公司的股价信息含量丰富时，一般的中小投资者没有能力从中分析出公司的实际情况，而分析师作为专业能力较强的信息解读者，能够从股价中正确地分析出公司的经营情况，降低公司在信息披露质量较低时产生的信息不对称问题。

5.3　信息处理成本假说

作为金融市场信息传递的中介，分析师通过对信息搜集、加工、解读，整理出一篇公司的研报,来降低公司与投资者之间的信息不对称程度。分析师搜集的信息包括公开信息和私有信息。公开信息一般来自所有分析师都能获得的关于公司、行业及宏观经济等方面的信息;私有信息则是分析师通过调查、研究、内幕等渠道得到的独属于自己的信息。而且,分析师一般是按行业进行研究的,即一个分析师主要负责一个或少数几个相关行业的研究。为了能提供可靠的投资建议,分析师在前期的分析过程中需要投入大量的成本去搜集行业的公开信息或特定公司的私有信息,并对这些公司财务、经营和管理状况进行评价和分析。由此,分析师在做出盈余预测时需要投入大量的前期人力、物力等成本。

西方已有研究表明,上市公司发布的公开信息是分析师盈余预测的重要信息来源(Schipper, 1991; Knutson, 1993)。尽管法律法规限定了公司最低的信息披露要求,如按期披露公司的年度报表、季度报表等,但公司拥有极大的灵活性,如年报中的附注部分,不同公司披露的信息含量不同(白晓宇,2009)。由于私人信息不像公开信息那样所有分析师都能够获得,私人信息的获取需要大量成本。一些研究指出,信息成本的提高往往会驱使分析师放弃关注这些公司。

股价属于一种公开的信息,当股价中蕴含大量公司层面的信息时,分析师不会选择花费更多的时间、精力、金钱等去搜集私有信息,此时,他们更倾向从股价等公开信息中分析公司的情况,从而降低搜集信息、处理信息的成本,增加分析师跟踪人数。

有效市场假说理论为分析师利用信息进行盈余预测提供了理论基础。有效市场假说理论的重要意义之一在于它说明了信息与证券价格的相关性,即证券价格中包含了公司层面的信息,这些信息是分析师盈余预测的重要信息来源。股价信息含量是指股价中蕴含的上市公司特质信息的数量。股价信息含量越高,股价中蕴含越多与公司有关的信息,该价格越能真实地体现出公司的投资价值,分析师也能够利用股价中蕴含的信息进行更为准确的预测。

下篇　中国市场篇

第6章 机构投资者对股价信息含量的影响研究

6.1 理论分析与研究假说

A股市场是我国资本市场不可忽视的一部分，其稳定运行关系着我国整个金融和经济的发展。一个股票市场是否有效，股价能否很好地传递信息对整个股票市场发展十分重要。大量研究表明，一个运行有效的市场意味着在信息传输效率、资源配置、技术条件等方面都能有效发挥作用，而一个效率低下的市场将无法为投资者传递有效信息，资源无法得到有效配置，还会导致诸多投机行为，造成市场混乱，由此可见股票市场效率的重要性。本章对市场效率的含义进行简单介绍与梳理，并对机构投资者持股改善市场效率的传导机制进行理论分析。

Fama对定价效率进行了研究，按照他的观点检验市场是否有效需要考虑两个因素：一是价格对信息充分反映的内涵；二是被价格充分反映了的相关信息集合。在此基础上，他把市场上的所有信息按照公开程度分成三类：第一类是所有在市场上能够看到的历史信息，如过去一段时间的股价变动；第二类是所有可以从市场上获取到的信息，不仅包含历史信息，还包括所有的公开信息；第三类是市场所包含的所有信息，既包括第一类和第二类信息，也包括投资者私下得到的内幕信息及各种传闻。区分了信息的种类后，在此基础上，按照资产价格对信息的反映效率不同，Fama将市场分成了弱式有效市场、半强式有效市场和强式有效市场。其中，在弱式有效市场中，证券价格反映了所有的历史信息，投资者可以通过技术分析预测股价走势来获取超额收益；在半强式有效市场中，证券价格反映了所有公开信息，投资者可以通过内部信息获取超额收益；在强式有效市场中，所有信息，包括公开信息和私人信息，都反映在证券价格上，投资者无法获得超额收益。

市场的有效性取决于价格对市场中信息的反应速度和反应程度。一个有效的市场，一方面要求投资者能够有效利用市场信息并使其快速准确地反映到股价中去。钟覃琳和陆正飞（2018）认为，市场上的投资者如果具备丰富的行业经验、专业的知识、聪明的头脑、顶尖的技术和前沿的投资策略，那么就倾向做出最优的投资决策，他们对市场信息的处理能够快速有效地消除市场上存在的错误定价，使得资产价格回归基本面价值，同时也使得相关信息反映在股价中，从而提高股价信息含量。另一方面，要求市场上的信息更真实可靠、更透明、质量更高。Grossman 和 Stiglitz（1980）表示提升收集私有信息的经济效益有助于促进大量的知情交易和形成更有效的股票定价。高质量的市场信息会降低投资者获取信息的成本和提高获取信息的质量，成本的降低与信息质量的提高将使得投资者搜集信息的边际收益增加，进而更好地利用这些真实有效的信息，加速信息进入股价。

通常认为市场上存在两类投资者，即普通投资者和机构投资者。相比普通投资者，机构投资者不仅具备更加专业的知识体系和投资能力，还在获取和利用信息方面拥有更多便利，因此有可能做出最优的交易决策。机构投资者利用自身的专业分析得到公司特质信息并进行知情人交易后，其持股比例的变化情况就可以向整个市场进行传递，这种持股比例的变化情况本身就是一种信息，并且传递信息的种类和数量与机构投资者所交易的股票规模有很大的联系。

Chordia 等（2005）发现，股价大体上在 30 分钟内就可以完成对于新信息的调整。这是由于"精明"的投资者，包括做市商等，可以通过自己的交易活动，借助自身的规模优势及专业能力，来引导价格进行变动，使其调整到包含新信息的"正确"价格上来。他们这种对市场信息的处理能力和对价格的引导能力，能够有效消除潜在的错误定价，促使股价迅速回归基本面价值，市场会及时地对相关信息做出反应并表现在股价上，这在一定程度上会提高股价的信息含量，进而促进市场效率的提高。

首先，资金注入一家公司后，机构投资者就会存在参与公司治理的动力。机构投资者进行投资行为后，为了保障自身得到较高的收益，维护自身的利益，更愿意花费时间和精力参与上市公司治理，通过完善上市公司的治理结构，促进其业绩的提升从而达到取得较好收益的结果。王琨和肖星（2005）对此做了研究，发现机构投资者参与公司治理的行为有助于公司业绩的提升。

进一步地，无论机构投资者出于什么目的加强上市公司的治理水平，都会提高上市公司的信息透明度，进而缓解信息不对称程度。童卫华（2018）研究发现，机构投资者持股比例越高，参与公司治理的积极性就越强，机构投资者持股有利于公司信息透明度的增强，使得公司经营运作更加规范。首先，公司治理程度越高，监督机制就越健全，越不容易发生盈余管理现象，如机构投资者为了抑制公司盈余管理行为，甚至可以大规模抛售公司股票。程书强（2006）研究证明机构持股比例高者能有效抑制盈余管理行为。Karamanou 和 Vafeas（2010）认为降低盈余管理行为可以提高信息披露质量，降低信息获取成本。机构投资者持股后更愿意参与公司治理，导致公司盈余管理降低、信息披露质量上升，使市场信息成本降低，能提高投资者搜集信息的步伐，提高市场效率。其次，信息不对称导致公司高管可能利用私有信息侵占外部投资者利益，但公司治理水平提高有助于降低信息不对称程度，通过强化监督限制公司高管，从而增加外部投资者收益，提高市场效率。

6.2 研究设计

6.2.1 PSM 模型

选取 PSM 模型，借鉴 Rosenbaum 和 Rubin（1985）的做法，对机构投资者能否提高市场效率进行研究。PSM 模型的基本思想如下：通过比较同一只股票在被机构投资者持有和未被机构投资者持有的两种状态下股价信息含量的差异，从而得出机构投资者持股对市场效率的影响结果。但同一只股票无法同时具有被机构投资者持有和未被机构投资者持有两种状态，因此我们在未被机构投资者持有的股票池中寻找各方面指标与被机构投资者持有的股票（机构股）相似的股票进行匹配，并称此类股票为普通股，通过比较机构股与普通股的股价信息含量差异得出机构投资者持股对股价信息含量影响的结果。这种方法保证了机构股与匹配的普通股之间的差异只是机构投资者是否持股，而两者本身在各维度上已不存在显著差异，因此得出的结论更加稳健，有效解决了样本选择偏差所导致的内生性问题。

在进行实际匹配之前，我们应该明确机构股与普通股的定义，考虑到证券投资基金在中国机构投资者中的主导地位和高的持股份额才可能对一只股票信息含量的变化产生影响这两点因素，参照史永东和王谨乐（2014）的做法，以证券投资基金代表机构投资者，将基金持股比例大于等于 10%的股票定义为机构股，将基金持股比例小于 10%的股票定义为普通股。

明确了机构股与普通股的定义之后，即可进行 PSM 模型的关键工作，寻找与机构股相近的普通股，即匹配过程。传统的配对方法是精确匹配，可以实现较小维度的精确配对，而当要考虑多维因素时则较难进行精确匹配，PSM 模型的匹配方法可以有效解决此类问题，其将多个维度浓缩成一个维度（倾向得分值），根据倾向得分值将机构股与普通股进行配对，使配对好的普通股与机构股在多个维度上的特征尽可能地相近。参考肖星和王琨（2005）、史永东和王谨乐（2014）对匹配变量的选取，匹配变量名称及定义如表6.1所示。

表6.1 匹配变量名称及定义

变量符号	定义	计算方法
tl	负债率	总负债/总资产
crz	流动比率	流动资产/流动负债
mbpr	主营业务利润比例	主营业务利润/利润总额
mbp	主营业务利润率	主营业务利润/主营业务收入
er	费用率	（管理费用+财务费用+销售费用）/主营业务收入
rtr	应收账款周转率	主营业务收入/应收账款净额
itr	存货周转率	主营业务收入/存货净额
roa	总资产收益率	净利润/总资产
ac	代理成本	管理费用/营业收入
size	公司规模	公司总资产取对数
sgr	主营业务收入增长率	主营业务收入增长/上一期主营业务收入
tagr	总资产增长率	总资产增长/上一期总资产
duality	两职合一	董事长与总经理是否两职合一（同一人=1；不是同一人=2）
avage	董事会成员平均年龄	董事会成员年龄的平均值
avedu	董事会成员平均受教育水平	董事会成员受教育水平的平均值（中专及以下水平=1；大专=2；本科=3；硕士研究生=4；博士研究生=5）
sum5	前五大股东持股比例和	前五大股东持股比例求和
dis12	前两大股东持股比例差	第一大股东与第二大股东持股比例之差

PSM模型匹配过程是通过使用Logit模型，对被解释变量（是否为机构股）进行回归，以回归后得到的每个匹配变量的系数作为权重，加权拟合后得出倾向得分值，这一分值就是样本为机构股的概率值。最后，我们根据得出的倾向得分值将机构股与普通股进行配对，将多个维度浓缩成一维，就可以在非机构股中寻找到与机构股在各个匹配变量上都比较接近的样本。PSM模型计算倾向得分值的Logit模型具体如下。

$$PS(X_{i,t}) = Pro(f_{i,t}=1|X_{i,t}) = \frac{\exp(\beta X_{i,t})}{1+\exp(\beta X_{i,t})} \quad (6.1)$$

其中，X表示各个匹配变量；i表示股票；t表示季度；f表示是否为机构股，机构股取 1，普通股取 0。最终得出 PS($X_{i,t}$)，即每个样本数据的倾向得分值。在得到倾向得分值后，再根据得分值将每个机构股的股票样本匹配两个得分最接近的普通股的股票样本。

在匹配方法方面，采用最近邻匹配法进行匹配。最近邻匹配法的基本原则是使配对样本的倾向得分值与机构股的样本最接近。如式（6.2）所示，i 表示机构股，j 表示普通股，$C(i)$ 表示第 i 个机构股样本所对应的普通股的匹配样本集合。最近邻匹配法的思想是使普通股 j 与机构股 i 的 PS 值差值的绝对值在所有可能的匹配样本中最小。

$$C(i)=\min_{j}\|PS_i - PS_j\| \tag{6.2}$$

在完成配对后，机构股与普通股已经在各个维度上没有显著区别，唯一区别就是是否机构投资者持股，因此我们就可以比较机构股（处理组）与普通股（控制组）之间的股价信息含量差异，即计算平均处理效应（average treated effect，ATT），具体计算如式（6.3）所示。其中，T 表示机构股（处理组），C 表示匹配成功的普通股（控制组），N^T 表示机构股的数量，Y_i 和 Y_j 表示机构股和普通股的股价信息含量。用 N_i^C 表示与机构股 i 所配对成功的普通股的数量，则权重 $w_j = \sum_i w_{ij}$，其中 $w_{ij}=1/N_i^C$。

$$ATT = 1/N^T \sum_{i \in T} Y_i^T - 1/N \sum_{j \in C} w_j Y_j^C \tag{6.3}$$

6.2.2 样本选择

为避免股权分置改革对股价信息含量产生的影响会干扰研究结论，选取 2007~2017 年沪深两市 A 股上市公司季度数据作为数据样本，数据来源为国泰安 CSMAR 数据库。我国机构投资者主体目前已经实现了多元化，但证券投资基金在各类机构投资者中仍然占据绝对地位，此外考虑到数据的可获得性，以证券投资基金作为机构投资者持股的代表，其中机构投资者持股比例的界定参考史永东和王谨乐（2014），将比例大于等于 10% 的股票定义为机构投资者持股。

样本数据筛选原则如下：①删除 B 股；②删除 ST/PT[①]股票，保留正常交易股票；③剔除早于 2007 年的数据；④剔除机构投资者（按总市值和流通市值衡量）持股比例超 100% 的异常值；⑤行业分类的来源为中国证券监督管理委员会（简称证监会）的《上市公司行业分类指引》，其中制造业企业保留两位行业代码，非制造业企业保留一位行业代码；⑥删除金融行业数据；⑦将财务变量在 1% 水平上进

---

① ST：special treatment，特别处理；PT：particular transfer，特别转让。

行数据的缩尾处理；⑧删除存在缺漏值的样本数据。

经过以上处理后共得到 2 759 家上市公司样本，共计得到 35 169 个观察值。

6.2.3 股价信息含量指标的选取

1. 日数据计算的股价非同步性指标 INF

目前学术界普遍采用股价非同步性指标 INF 作为对股价信息含量的衡量指标。借鉴 Roll（1988），通过对资本资产定价模型回归，将回归结果中的 R^2 作为股价波动的衡量指标。具体做法如下：模型（6.4）中，参考游家兴（2008）的做法，$R_{i,t}$ 为第 i 个公司 t 期考虑股利收入的收益率（由于机构投资者数据为季度数据，考虑到样本量过少的问题，我们将回归中的周收益率替换成日收益率），$R_{m,t}$ 为 t 期的以流通市值加权计算的市场日收益率，$\varepsilon_{i,t}$ 为残差项，衡量不能被市场解释的那部分股票收益。在季度层面上对该模型进行回归，发现 R^2 越大，股价同步性越大。

$$R_{i,t} = \alpha_i + \beta_i R_{m,t} + \varepsilon_{i,t} \qquad (6.4)$$

进一步借鉴游家兴（2008）的做法，考虑到拟合优度 R^2 的取值范围是 0~1，因此对 R^2 进行对数化处理，得到股价非同步性指标 INF，当 R^2 越小时，INF 与股价非同步性成正比，与股价信息含量成反比。

$$\text{INF} = \ln\left(\frac{1-R^2}{R^2}\right) \qquad (6.5)$$

2. 行业调整的股价非同步性指标 INFO

杨继伟（2011）认为，在股价同步性波动中，股价变动不仅受市场因素影响，还与行业有关。因为当一只股票的波动率与行业的波动率有较高同步性时，其股价就很难作为甄别一只股票特质信息的标志，所以对模型（6.4）进一步做出修正，在模型中引入行业收益率指标。$R_{n,t}$ 为 t 期以流通市值加权计算的行业日收益率。同上文所说，每次回归的拟合优度 R^2 代表了公司股价信息含量能够被市场解释的部分。因此，R^2 越大，股价同步性越大。

$$R_{i,t} = \alpha_i + \beta_1 R_{m,t} + \beta_2 R_{n,t} + \varepsilon_{i,t} \qquad (6.6)$$

同理，我们也对行业调整的 R^2 进行对数化处理，得到股价非同步性指标 INFO，当 R^2 越小时，INFO 指标与股价非同步性成正比，与股价信息含量成正比。

$$\text{INFO} = \ln\left(\frac{1-R^2}{R^2}\right) \qquad (6.7)$$

3. 除去管理者私人信息的股价非同步性指标 NINFO

借鉴 Chen 等（2007）的做法，剔除管理者的非公开信息，来研究投资者的非公开信息与股价非同步性的变动影响。

下面进行具体的计算。为了剔除市场和行业波动对股价的影响，我们先计算经过行业调整后的股价非同步性指标，如式（6.6）所示，求得回归中的拟合系数，进而对求得的 R^2 进行对数化处理，得到指标 INFO，如式（6.7）所示。接着我们以四个季度盈利公告日为中心，计算 3 天内的异常股票收益率的平均数，其中 earningssurprise$_{i,t}$ 表示管理层私人信息的代理变量，为股票 i 在第 t 季的定期报告 [-1,1]时间窗口的市场调整累计超额收益。其想法是，如果平均绝对异常股票收益率很高，那么收益中就有投资者不知道的信息，因为管理者有权获取内部会计数据，因此在向公众公布之前就知道收益。将 INFO$_{i,t}$ 作为被解释变量，earningssurprise$_{i,t}$ 作为解释变量进行线性回归，所得的残差项 $\varepsilon_{i,t}$ 就是去除管理者私人信息的股价非同步性指标 NINFO。

$$\text{INFO}_{i,t} = \beta_3 + \beta_4 \times \text{earningssurprise}_{i,t} + \varepsilon_{i,t} \qquad (6.8)$$

6.3 实证检验

6.3.1 机构投资者择股偏好

肖星和王琨（2005）在研究中发现，机构投资者在择股时存在选择性偏好，更青睐于投资各项财务指标良好、业绩优良、公司规模较大、公司治理水平较高的上市公司。那么，我们在研究机构投资者对市场效率的影响时，机构投资者的选择性偏好仍然存在，这些"优质"股票很有可能是导致股票股价信息含量高的部分原因，本身对股价信息含量的增加就有促进作用，因此我们无法解释是机构投资者的介入导致了股价信息含量的增加，还是机构投资者所选择股票的自身优势导致了股价信息含量的增加。因此，我们在实证分析机构投资者对市场信息的影响时，可能存在样本选择偏差这类内生性问题。

基于以上理论方面的怀疑，本书进行了初步内生性问题的数据分析，从公司治理、公司财务状况及股价信息含量三个方面分别分析机构投资者的持股偏好。分别计算出机构股与普通股数据样本在各指标下的均值，将机构股与普通股的各公司财务状况变量均值、公司治理变量均值与股价信息含量变量均值进行对比，并用 T 检验方法检验机构股与普通股各变量均值差异的显著性，对比结果如表 6.2 所示。数据样本依旧选取 2007~2017 年沪深 A 股上市公司季度数据，股价信息含量指标选择日数据计算的股价非同步性指标 INF、行业调整的股价非同步性指标 INFO、除去管理者私人信息的股价非同步性指标 NINFO。其中，公司治理与公司财务状况衡量指标同实证部分 PSM 模型的匹配变量，具体名称及定义见表 6.1。

表6.2 机构股与普通股各指标对比

PanelA：公司财务状况指标对比

分类	roa	tl	crz	mbpr	mbp	er	rtr	itr	ac	size	sgr	tagr
普通股	0.024	0.438	2.596	0.825	0.079	0.180	28.120	8.576	0.096	21.890	0.512	0.037
机构股	0.050	0.404	3.003	0.891	0.146	0.188	34.760	10.870	0.097	22.020	0.776	0.070
T 值	−52.780	11.140	−8.540	−8.380	−33.040	−4.203	−3.860	−5.640	−1.410	−7.530	−24.250	−20.900

PanelB：公司治理指标对比

分类	duality	avage	avedu	sum5	dis12
普通股	1.778	50.770	3.467	53.470	26.890
机构股	1.732	50.150	3.543	55.260	26.190
T 值	7.461	11.900	−9.434	−7.799	2.616

PanelC：股价信息含量指标对比

分类	INF 当期	INF 滞后期	INFO 当期	INFO 滞后期	NINFO 当期	NINFO 滞后期
普通股	0.447	0.427	0.161	0.133	−0.050	−0.065
机构股	0.638	0.512	0.273	0.165	0.023	−0.046
T 值	−12.820	−3.802	−8.436	−1.602	−6.426	−1.078

表 6.2 的 Panel A 部分显示的是机构股与普通股在公司财务状况方面各指标的差异，可以看出机构投资者选择的股票总资产收益率（roa）更高，负债率（tl）更低，流动比率（crz）更大，主营业务利润率（mbp）和主营业务利润比例（mbpr）更高，应收账款周转率（rtr）和存货周转率（itr）更高，公司规模（size）更大，主营业务收入增长率（sgr）与总资产增长率（tagr）更大。从 T 值来看，除指标代理成本（ac）的 T 值绝对值（1.41）小于 1.96 外，其他公司财务状况指标的 T 值均大于 2.58，即在 1%水平上显著。因此，从公司财务状况指标数据上可以看出机构投资者偏好持有的股票在财务状况方面营利能力较强。

表 6.2 的 PanelB 部分显示的是机构股与普通股在公司治理方面各指标的差异，可以看出机构股与普通股相比两职合一（duality）更低，董事会成员平均年龄

（avage）更低，董事会成员平均受教育水平（avedu）更高，前五大股东持股比例和（sum5）更高。从 T 值来看，绝对值均大于 2.58，即在 1%水平上显著。因此，从对公司治理的偏好来看，机构投资者显著偏好股权结构合理、公司高管管理能力及素质较高、公司治理较为完善的上市公司。

表 6.2 的 Panel C 部分显示的是机构股与普通股在股价信息含量方面各指标的差异。我们可以看出，从日数据计算的股价非同步性指标 INF、行业调整的股价非同步性指标 INFO 及除去管理者私人信息的股价非同步性指标 NINFO 的机构股与普通股的数据比较来看，机构股股价信息含量 3 个指标的当期及滞后期数值都比普通股大，且从 T 值上看，除个别数据外，绝大多数数值的绝对值大于 2.58，即在 1%水平上显著。也就是说，从股价信息含量指标来看，机构投资者更加偏好股价信息含量较高的股票。

从以上初步的数据对比可以看出，机构股确实在选择投资标的时存在着前文提到的持股偏好问题，机构投资者偏向于投资公司业绩优良、治理完善、股价信息含量高的股票，这就会导致在研究过程中可能存在样本选择偏差这样的内生性问题，影响研究结论的稳健性。

6.3.2 描述性统计分析

表 6.3 为公司财务状况变量、公司治理变量及产出变量（股价信息含量变量）等本书所涉及变量的描述性统计结果，其中 fundcir 变量表示基金持股比例。

表6.3 变量的描述性统计结果

变量	样本量/个	均值	中位数	标准差	最小值	最大值
roa	35 169	0.028 5	0.021 7	0.035 2	−0.072 9	0.151 0
tl	35 169	0.432 0	0.432 0	0.212 0	0.042 3	0.877 0
crz	35 169	2.661 0	1.603 0	3.282 0	0.321 0	21.920 0
mbpr	35 169	0.836 0	0.961 0	0.546 0	−2.884 0	2.088 0
mbp	35 169	0.090 0	0.073 9	0.141 0	−0.454 0	0.565 0
er	35 169	0.181 0	0.146 0	0.132 0	0.021 5	0.760 0
rtr	35 169	29.180 0	3.846 0	118.200 0	0.305 0	993.800 0
itr	35 169	8.943 0	2.973 0	28.010 0	0.073 5	241.300 0
ac	35 169	0.096 1	0.077 0	0.078 9	0.008 9	0.485 0
size	35 169	21.910	21.750	1.231	19.680	25.750
sgr	35 169	0.554 0	0.526 0	0.753 0	−0.870 0	3.213 0

续表

变量	样本量/个	均值	中位数	标准差	最小值	最大值
tagr	35 169	0.042 0	0.021 9	0.110 0	−0.146 0	0.725 0
duality	35 169	1.771	2	0.420	1	2
avage	35 169	50.670	50.61	3.615	37.220	65.140
avedu	35 169	3.479	3.500	0.557	1	5
sum5	35 169	53.75%	54.23%	15.81%	0.82%	100%
dis12	35 169	26.78%	24.20%	18.34%	0	91.90%
INF	35 169	0.477	0.376	1.026	−1.575	3.982
INFO	35 169	0.179	0.128	0.916	−1.797	2.847
NINFO	35 169	−0.038 5	−0.068 4	0.781 0	−1.810 0	2.224 0
IVOL	35 169	0.167 0	0.159 0	0.062 9	0.056 0	0.355 0
RESVAR	35 169	0.149 0	0.147 0	0.028 7	0.088 7	0.224 0
RESVARO	35 169	0.145 0	0.143 0	0.028 5	0.085 4	0.220 0
fundcir	35 169	5.007	0.754	9.464	0	89.940

首先，从公司财务状况指标来看，总资产收益率（roa）即净利润/总资产，主营业务利润比例（mbpr）即主营业务利润/利润总额，主营业务利润率（mbp）即主营业务利润/主营业务收入，最小值分别为−0.072 9、−2.884 0、−0.454 0，营利能力较差，但从均值来看样本平均水平分别能够达到 0.028 5、0.836 0、0.090 0。从变现能力指标来看，流动比率（crz）即流动资产/流动负债，部分公司变现能力困难，最小值仅为 0.321 0，但从均值来看大于 2，说明大部分公司短期偿债能力正常，变现能力较强。除此之外，从主营业务收入增长率（sgr）和总资产增长率（tagr）来看，最小值也出现了负值，即存在部分样本主营业务收入增长率和总资产增长率会出现负增长，并且主营业务收入增长率最大值较大，可见样本间的变异较大。从资产管理指标来看，存货周转率（itr）和应收账款周转率（rtr）最小值与最大值之间都有较大差距，说明存货周转速度很慢与周转情况较好的公司并存，从均值来看都处于正常水平，大部分公司资金回收速度和存货周转速度正常，短期偿债能力较强。从负债率（tl）来看，最大值达到 0.877 0 接近 1，说明存在部分公司负债率较高，风险较大，但均值 0.432 0 说明大部分公司负债水平较为正常，不存在严重的财务风险。从费用率（er）指标来看，最大值达到 0.760 0，均值为 0.181 0，存在部分样本经营管理成本较高，但从均值和中位数的水平来看样本费用率较低，经营成本在合理水平。

其次，从公司治理变量来看，两职合一（duality）均值为 1.771，即大部分公司更趋向于非同一人任职，由专业的经理人负责公司经营管理，两权分离；董事会成员平均年龄（avage）和董事会成员平均受教育水平（avedu），均值分别为 50.670

和 3.479，说明大部分公司的董事会成员以 50 岁左右的中年人为主，受教育水平基本较高，在本科或以上水平。从股权分布比例来看，根据前五大股东持股比例和（sum5）均值为 53.75%，发现前五大股东持股比例和超过了 50%，说明总体来看公司的股权集中度较高。前两大股东持股比例差（dis12）均值为 26.78%，说明前两大股东持股比例差较大，也就是说第一大股东的持股比例远高于第二大股东，进一步说明了股权较为集中。

再次，从产出变量指标来看，样本间存在充分差异性。股价非同步性指标样本差异较大，INF、INFO、NINFO 指标的最大值分别达到了 3.982、2.847、2.224 0，而最小值则为负值，说明样本中公司股价信息含量差距较大，有的信息含量很高而有的则很低。并且随着股价信息含量指标的构建条件逐渐苛刻，股价信息含量的非同步性指标的均值逐渐大幅下降，INF 均值为 0.477，INFO 的均值则降到 0.179，NINFO 的均值则为负值-0.038 5。可以看出，随着把股价信息含量中的非特质信息逐渐排除，股价信息含量越来越低，反映了中国股市同涨同跌的现象，也反映了股票市场效率的低下。另两类股价信息含量指标 IVOL（特质波动率）、RESVAR（流动性指标）和 RESVARO（行业调整的流动性指标）的均值分别为 0.167 0、0.149 0、0.145 0，数据水平较为一致但总体数值较低，且 3 个指标最大值与最小值之间差距较小，但仍然存在差距。

最后，从基金持股比例 fundcir 来看，样本平均基金持股比例水平可达到 5.007，最小值为 0，最大值达到 89.940，可见样本间机构投资者持股比例整体较低且差异较大，部分公司是基金重仓，也存在部分公司没有基金持仓。

6.3.3 PSM 模型匹配变量筛选

在估计 PS 数值前，我们要先对匹配变量进行筛选，选定计算 PS 数值的 Logit 模型。首先，我们通过 Logit 模型回归筛选匹配变量，其中解释变量见表 6.1，被解释变量为基金重仓（jjzc），该变量为 0-1 变量，当数值为 1 时表示基金重仓，即机构股，数值为 0 时为普通股。为控制行业效应和季度效应，在模型中加入了行业虚拟变量和季度虚拟变量，其中在模型 m_1 和模型 m_2 中都对行业效应与季度效应进行控制，在模型 m_3 与模型 m_4 中分别控制行业效应与季度效应，m_5 则都不控制来做对比，回归估计结果如表 6.4 所示。

表6.4　Logit模型回归估计结果

变量	m_1	m_2	m_3	m_4	m_5
roa	20.688*** （29.48）	20.731*** （30.39）	18.597*** （33.13）	23.197*** （35.91）	20.425*** （38.06）

续表

变量	m_1	m_2	m_3	m_4	m_5
mbpr	0.172*** (3.98)	0.173*** (4.00)	0.166*** (3.99)	0.170*** (4.07)	0.166*** (4.10)
mbp	0.616*** (3.45)	0.592*** (3.51)	0.595*** (3.78)	−0.187 (−1.23)	−0.047 (−0.32)
er	0.764*** (3.83)	0.765*** (3.86)	0.648*** (3.42)	0.752*** (3.96)	0.663*** (3.63)
itr	0.002*** (3.69)	0.002*** (3.69)	0.002*** (2.96)	−0.001 (−0.98)	−0.001 (−1.33)
ac	1.991*** (5.37)	1.951*** (5.39)	0.891** (2.56)	2.120*** (6.30)	1.195*** (3.68)
size	0.398*** (21.35)	0.401*** (24.33)	0.302*** (19.57)	0.318*** (20.59)	0.244*** (16.65)
sgr	0.109*** (2.68)	0.110*** (2.70)	0.478*** (21.25)	0.126*** (3.25)	0.481*** (21.59)
tagr	1.779*** (13.40)	1.787*** (13.51)	1.224*** (9.85)	1.875*** (14.37)	1.325*** (10.77)
duality	−0.231*** (−5.96)	−0.232*** (−5.99)	−0.118*** (−3.22)	−0.275*** (−7.23)	−0.172*** (−4.77)
avage	−0.048*** (−9.64)	−0.048*** (−9.68)	−0.064*** (−13.79)	−0.049*** (−10.18)	−0.063*** (−13.76)
avedu	0.233*** (7.49)	0.233*** (7.53)	0.155*** (5.26)	0.222*** (7.28)	0.157*** (5.38)
dis12	−0.006*** (−5.71)	−0.005*** (−5.87)	−0.004*** (−4.09)	−0.006*** (−7.22)	−0.005*** (−5.44)
tl	0.020 (0.15)				
crz	−0.002 (−0.34)				
rtr	0 (0.32)				
sum5	0.001 (0.76)				
截距项	−9.273*** (−20.33)	−9.294*** (−20.99)	−6.552*** (−17.45)	−7.394*** (−18.46)	−5.440*** (−16.15)
N	35 169	35 169	35 169	35 169	35 169

续表

变量	m_1	m_2	m_3	m_4	m_5
最大似然值	−12 358.776	−12 359.180	−13 417.769	−12 621.542	−13 613.051
伪 R^2	0.200	0.200	0.131	0.183	0.119

、*分别表示5%及1%的显著性水平

注：括号内为 t 值

从表6.4可以看出，基金重仓（jjzc）与总资产收益率（roa）、主营业务利润比例（mbpr）等呈现显著的正相关关系；与两职合一（duality）、董事会成员平均年龄（avage）、前两大股东持股比例差（dis12）呈现显著的负相关关系；而负债率（tl）、流动比率（crz）、应收账款周转率（rtr）和前五大股东持股比例和（sum5）4个变量在5个模型中都不显著，故剔除，不再作为匹配变量。

在确定匹配变量后，我们的目的是得到估计的倾向得分值，即 PS 值，因此需要确定计算倾向得分值所依据的 Logit 模型。在 Logit 分析中广泛采用 Pseudo-R^2（即伪 R^2）来界定模型的拟合程度，我们参照此做法并结合最大似然值来判定最终选取的 Logit 模型。从表6.4可见，5个模型的伪 R^2 值在 0.119~0.200，而模型 m_1 和模型 m_2 的伪 R^2 值相同且最大，拟合效果最好，达到了 0.200。并且，模型 m_1 和模型 m_2 的最大似然值较大，模型 m_1 和模型 m_2 都控制了行业效应与季度效应，另外模型 m_2 剔除了不显著的变量，模型更加精简合理，因此选择模型 m_2 来计算倾向得分值。

6.3.4 PSM 模型假设检验

在确定了匹配变量之后，为了确保控制组和处理组之间不存在明显差异，我们要检验平行性假设和共同支撑假设。

1. 平行性假设检验

平行性假设是指在完成了 PS 值匹配后，处理组（即机构股）与控制组（即普通股）在各个方面都不存在明显的差异性，此时才能说明配对效果较好，PSM 模型衡量两组之间的差异主要是通过比较标准化的偏差和 T 值的大小来检验是否满足平行性假设。如表6.5所示，首先，就标准偏差而言，各变量的标准偏差绝对值都在5%以内，也就是说匹配完成后各变量的组间差异不明显，匹配效果较好；其次，就 T 检验角度来说，T 的绝对值小于2.58，因此两组不存在显著差异，也就是说匹配之后的普通股与机构股在各个匹配变量上都十分相似，排除了机构投资者样本选择偏差的问题。总体来看匹配效果较好，平行性假设得到了满足。

表6.5 平行性假设检验

变量	处理组	控制组	标准偏差	T值	$p>|T|$
roa	0.050 4	0.050 1	0.800%	0.380	0.703
mbpr	0.891	0.893	−0.400%	−0.280	0.783
mbp	0.146	0.149	−1.900%	−0.980	0.325
er	0.188	0.190	−2.000%	−1.030	0.303
itr	10.870	11.370	−1.700%	−0.790	0.430
ac	0.097 4	0.098 9	−1.900%	−1.000	0.318
size	22.020	22.020	0	0.020	0.980
sgr	0.776	0.806	−4.100%	−2.200	0.028
tagr	0.070 0	0.072 1	−1.800%	−0.790	0.427
duality	1.732	1.735	−0.600%	−0.290	0.773
avage	50.150	50.220	−2.200%	−1.150	0.251
avedu	3.543	3.542	0.200%	0.090 0	0.926
dis12	26.190	25.900	1.600%	0.830	0.406

2. 共同支撑假设检验

共同支撑假设是指在完成匹配后，倾向得分值（PS值）分布形态应该基本趋于一致，此时才能说明匹配效果较好。图6.1和图6.2分别为匹配前和匹配后机构股与普通股的PS值密度分布图，可以明显看出在匹配前两组有显著差异，形态差距大且重叠部分较小，普通股的PS值分布重心显著低于机构股PS值分布重心；而在完成匹配后，两组分布形态基本一致，重叠区间更大，普通股的分布重心也与机构股更加接近，匹配效果较好，满足共同支撑假设。由此来看，匹配满足两大假设，匹配效果比较理想，完成匹配后机构股与普通股在各匹配变量特征上已经没有显著差异。

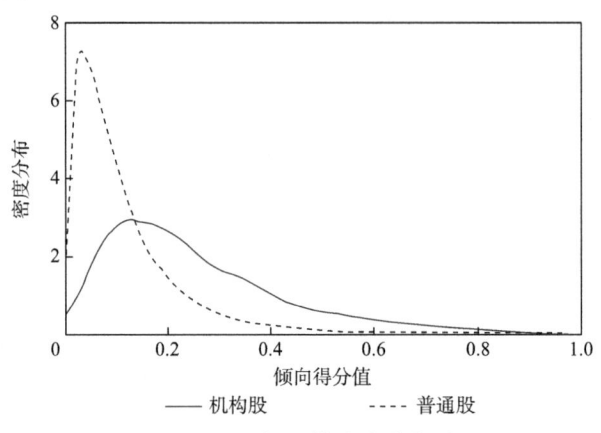

图6.1 匹配前PS值密度分布对比

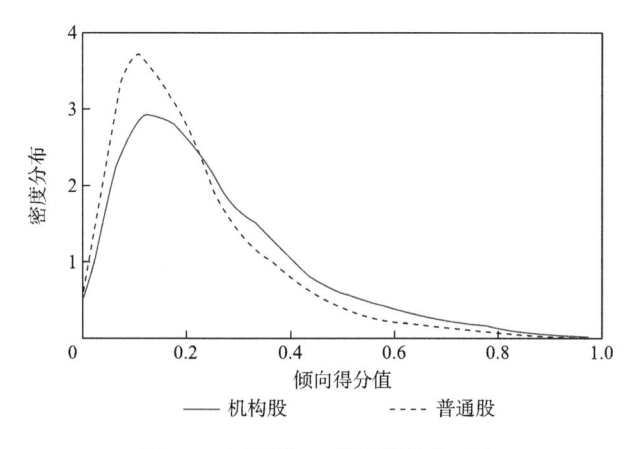

图 6.2 匹配后 PS 值密度分布对比

6.3.5 产出变量的平均处理效应

在确定匹配结果满足平行性假设和共同支撑假设后，运用 PSM 模型，采用最近邻匹配法进行一配二匹配。计算机构股与匹配完成的普通股之间的平均组间差异（ATT），对整体行情下机构投资者持股对股价信息含量的影响进行检验。

整体行情下的股价信息含量检验结果如表 6.6 所示，产出变量为日数据计算的股价非同步性指标 INF、行业调整的股价非同步性指标 INFO、除去管理者私人信息的股价非同步性指标 NINFO，其中 F_INF、F_INFO、F_NINFO 分别表示滞后一期的股价信息含量指标。从对比结果中我们可以看出，3 个股价信息含量指标 INF、INFO、NINFO，匹配后机构股的股价信息含量仍然大于普通股，并从 T 值来看都高于 2.58，即在 1%水平上显著，说明机构投资者确实为理性的知情交易者，可以通过其交易行为促进新信息在短时间内融入股价。关于滞后期的 3 个股价信息含量指标 INF、INFO、NINFO，匹配后机构股的股价信息含量也大于普通股，并从 T 值来看十分显著，除了 F_NINFO 指标在匹配之后 T 值绝对值为 2.430 之外，其他指标匹配后 T 值的绝对值都大于 2.58，即在 1%水平上显著，说明机构投资者确实为理性的知情交易者，可以通过其交易行为促进新信息在短时间内融入股价，对当期和下一期的股价信息含量都起到了改善的作用。因此从检验结果来看，机构投资者持股使股价信息含量显著提高，也就是机构投资者持股有利于改善股价信息含量，促进了中国市场效率的提高。

表6.6 整体行情下股价信息含量检验结果

产出变量	平均处理效应	机构股	普通股	差异	T值
INF	Unmatched	0.590	0.364	0.226	10.30
	ATT	0.590	0.318	0.271	9.940
INFO	Unmatched	0.236	0.102	0.134	6.700
	ATT	0.236	0.031	0.205	8.180
NINFO	Unmatched	0.009	−0.094	0.102	5.970
	ATT	0.009	−0.131	0.140	6.670
F_INF	Unmatched	0.512	0.427	0.085	3.800
	ATT	0.512	0.378	0.134	4.700
F_INFO	Unmatched	0.165	0.133	0.032	1.600
	ATT	0.165	0.051	0.114	4.420
F_NINFO	Unmatched	−0.046	−0.065	0.019	1.080
	ATT	−0.046	−0.098	0.052	2.430

注：Unmatched 代表匹配前，ATT 代表匹配后，余同

6.4 稳健性检验

为了稳健性考虑，本书加入特质波动率指标 IVOL 和流动性指标 RESVAR 作为产出变量进行检验，此外还使用半径匹配法与核匹配法再次进行匹配检验，以及更改机构股持股比例的界定再次进行检验，以确保结论的稳健性。

6.4.1 特质波动率指标 IVOL 的检验结果分析

如表 6.7 所示，借鉴王高义（2017）的做法，采用 IVOL 指标作为股价信息含量指标，由于特质波动率是剔除了市场波动之后的个股特质波，由个股特质信息引起，且特质波动率与收益率呈显著负相关关系，故可以用特质波动率作为股价中包含的公司特质信息的代理变量。

表6.7 特质波动率检验结果（一）

产出变量	平均处理效应	机构股	普通股	差异	T值
IVOL	Unmatched	0.180	0.166	0.014	10.56
	ATT	0.180	0.166	0.014	8.170
F_IVOL	Unmatched	0.169	0.162	0.007	5.850
	ATT	0.169	0.159	0.010	6.060

我们按照 Ang 等（2006）、田益祥和刘鹏（2011）的方法，回归估计 Fama-French 三因子模型：

$$R_{i,t} - r_t = \alpha_i + \beta_i^{\text{MKT}} \times \text{MKT}_t + \beta_i^{\text{SMB}} \times \text{SMB}_t + \beta_i^{\text{HML}} \times \text{HML}_t + e_{i,t} \quad (6.9)$$

其中，$R_{i,t}$表示第i只股票第t天的收益率；r_t表示第t天的无风险收益率；MKT、SMB、HML 分别表示第t天的市场因子、规模因子和账面市值比因子。利用回归得到的残差项$e_{i,t}$的标准差与交易天数的开方数相乘，其中$T_{i,t}$为股票i在第t季度的交易天数，以度量个股每个季度的特质波动率，F_IVOL 为滞后项。

$$\text{IVOL}_{i,t} = \sqrt{T_{i,t} \times \text{VAR}(e_{i,t})} \quad (6.10)$$

PSM 模型检验结果表明，特质波动率指标 IVOL 和它的滞后项 F_IVOL 都表现出机构股显著高于普通股的结果，且T值绝对值大于 2.58，即在 1%水平上显著，说明机构投资者持股显著提高了特质波动率，提高了市场效率。

6.4.2 流动性指标 RESVAR 的检验结果分析

对于 RESVAR 指标我们参考侯宇和叶冬艳（2008）的做法，定义股价非同步性指标 INF 和 INFO 在模型（6.4）和模型（6.6）回归后的残差项的标准差为 RESVAR 指标，RESVAR 指标通过反映个股回报变动与市场（或行业）整体变动的偏离程度来衡量价格中公司特质信息的高低。式（6.11）中的$\varepsilon_{i,t}$为式（6.4）中的残差项。RESVARO 指标为式（6.6）中去除行业信息的模型残差项的标准差。

$$\text{RESVAR} = \sqrt{\text{VAR}(\varepsilon_{i,t})} \quad (6.11)$$

表 6.8 的 PSM 模型检验结果表明，RESVAR 指标和 RESVARO 指标及它们的滞后项 F_RESVAR 和 F_RESVARO 都表现出机构股显著高于普通股的结果，且T值绝对值大于 2.58，即在 1%水平上显著，说明机构投资者持股显著提高了股价信息含量，提高了市场效率。

表6.8 特质波动率检验结果（二）

产出变量	平均处理效应	机构股	普通股	差异	T值
RESVAR	Unmatched	0.154	0.148	0.006	9.510
	ATT	0.154	0.147	0.007	8.960
F_RESVAR	Unmatched	0.149	0.147	0.002	3.670
	ATT	0.149	0.145	0.004	5.110
RESVARO	Unmatched	0.149	0.144	0.005	7.610
	ATT	0.149	0.143	0.006	8.070
F_RESVARO	Unmatched	0.144	0.143	0.001	2.030
	ATT	0.144	0.140	0.004	4.610

由此来看，加入改变了股价信息含量的指标也不会改变研究结论，机构投资者持股的确显著提升了市场效率。

6.4.3 半径匹配法检验结果

我们采用半径匹配法重新进行检验，半径匹配法的基本思想是先确定匹配的半径范围，将控制组中 PS 值在半径范围内的样本都作为配对的对象。考虑到数据样本的大小，匹配半径设定为 0.000 5。半径匹配法中匹配半径的设置取决于样本数量的大小，通常匹配对象样本数量越大，半径范围越小，从实践经验来看，当样本量达到 100 000 时，通常匹配半径可设置为 10.6。具体做法如下：如式（6.12）所示，其中 P_i 和 P_j 分别表示机构股 i 和普通股 j 的倾向得分值，r 为设定的匹配半径，$C(i)$ 为与机构股 i 匹配的普通股样本集合。

$$C(i) = \{P_j \| P_i - P_j \| < r\} \quad (6.12)$$

表 6.9 的 PSM 模型检验结果表明，在半径匹配法下，股价非同步性指标、特质波动率指标及流动性指标和它们的滞后项都表现出机构股显著高于普通股的结果，且 T 值绝对值大于 2.58，即在 1% 水平上显著，说明机构投资者持股显著提高了股价信息含量，提高了市场效率，研究结果稳健。

表6.9 半径匹配法下的检验结果

产出变量	平均处理效应	机构股	普通股	差异	T值
INF	Unmatched	0.590	0.364	0.226	10.30
	ATT	0.581	0.325	0.256	10.26
INFO	Unmatched	0.236	0.102	0.134	6.700
	ATT	0.239	0.043	0.196	8.640

续表

产出变量	平均处理效应	机构股	普通股	差异	T值
NINFO	Unmatched	0.009	−0.094	0.102	5.970
	ATT	0.008	−0.121	0.130	6.800
F_INF	Unmatched	0.512	0.427	0.085	3.800
	ATT	0.516	0.358	0.158	6.090
F_INFO	Unmatched	0.165	0.133	0.032	1.600
	ATT	0.174	0.048	0.126	5.290
F_NINFO	Unmatched	−0.046	−0.065	0.019	1.080
	ATT	−0.042	−0.105	0.063	3.190
IVOL	Unmatched	0.180	0.166	0.014	10.560
	ATT	0.181	0.167	0.014	9.150
F_IVOL	Unmatched	0.169	0.162	0.007	5.850
	ATT	0.170	0.161	0.009	6.300
RESVAR	Unmatched	0.154	0.148	0.006	9.510
	ATT	0.154	0.147	0.007	9.860
F_RESVAR	Unmatched	0.149	0.147	0.002	3.670
	ATT	0.149	0.145	0.004	5.360
RESVARO	Unmatched	0.149	0.144	0.005	7.610
	ATT	0.149	0.143	0.006	8.820
F_RESVARO	Unmatched	0.144	0.143	0.001	2.030
	ATT	0.144	0.141	0.003	4.620

6.4.4 核匹配法检验结果

我们采用核匹配法再一次进行匹配以比较处理组与控制组的组间差异，检验结论的稳健性。核匹配法通过构造一个虚拟变量，在控制组找到与该虚拟变量在各方面都大体一致的匹配对象与处理组进行匹配。核匹配法的构造原则是对各匹配变量进行加权平均构造匹配对象，核匹配法能将所有机构股的样本都进行匹配并充分利用所有普通股的样本信息，以构造出与机构股样本十分接近的虚拟匹配对象。具体做法如下：如式（6.13）所示，$W_{i,j}$ 表示机构股 i、普通股 j 的权重，PS_j 为普通股 j 的倾向得分值，PS_i 为机构股 i 的倾向得分值，h 表示普通股的上市公司数量，根据核函数 $G(\cdot)$ 确定匹配权重。普通股 j 与机构股 i 的倾向得分差值越大，说明该样本与机构股各方面的差距越大，因此所取权重越小。

$$W_{i,j} = G\left((PS_j - PS_i)/h\right) \quad (6.13)$$

核匹配下的检验结果如表6.10所示。匹配前与匹配后机构股的股价非同步性、特质波动率指标和流动性指标都优于普通股。从 T 值来看数值绝对值均大于 2.58，即在1%水平上显著。因此我们可以得出结论，采用核匹配法进行匹配的检验结果仍与前文结论一致，即机构投资者持股显著提高了市场效率，结论更加稳健。

表6.10　核匹配下的检验结果

产出变量	平均处理效应	机构股	普通股	差异	T值
INF	Unmatched	0.590	0.364	0.226	10.300
	ATT	0.590	0.335	0.255	10.980
INFO	Unmatched	0.236	0.102	0.134	6.700
	ATT	0.236	0.051	0.185	8.730
NINFO	Unmatched	0.009	−0.094	0.102	5.970
	ATT	0.009	−0.112	0.121	6.880
F_INF	Unmatched	0.512	0.427	0.085	3.800
	ATT	0.512	0.368	0.144	6.050
F_INFO	Unmatched	0.165	0.133	0.032	1.600
	ATT	0.165	0.056	0.109	4.930
F_NINFO	Unmatched	−0.046	−0.065	0.019	1.080
	ATT	−0.046	−0.099	0.053	2.930
IVOL	Unmatched	0.180	0.166	0.014	10.560
	ATT	0.180	0.167	0.013	9.360
F_IVOL	Unmatched	0.169	0.162	0.007	5.850
	ATT	0.169	0.161	0.008	6.490
RESVAR	Unmatched	0.154	0.148	0.006	9.510
	ATT	0.154	0.148	0.006	10.130
F_RESVAR	Unmatched	0.149	0.147	0.002	3.670
	ATT	0.149	0.145	0.004	5.490
RESVARO	Unmatched	0.149	0.144	0.005	7.610
	ATT	0.149	0.143	0.006	8.790
F_RESVARO	Unmatched	0.144	0.143	0.001	2.030
	ATT	0.144	0.141	0.003	4.510

6.4.5　新定义机构投资者持股比例的检验结果分析

前文我们定义基金持股比例大于等于10%的股票为机构股，为了确保结论的稳健性，进一步检验将机构投资者持股比例界定为8%和12%时的平均处理效应，

表 6.11 和表 6.12 分别为将机构投资者持股比例定义为 8% 和 12% 时的整体行情检验结果，从检验结果中可以看出股价信息含量 3 个指标、特质波动率、流动性两个指标均为机构股优于普通股，与前文结果一致。从 T 值来看，除机构投资者持股比例为 8% 的 F_NINFO 的 T 值以外，其他 T 值均大于 2.58，即在 1% 水平上显著。可能是 8% 的持股比例较小，从而对整体股价信息含量影响较小导致的，但该变量的 T 值仍然大于 1.58，即在 10% 水平上显著，因此可以得出较为稳健性的结论，机构投资者可以提高股价信息含量、提高市场效率。

表6.11 机构投资者持股比例为8%的检验结果

产出变量	平均处理效应	机构股	普通股	差异	T 值
INF	Unmatched	0.570	0.359	0.211	10.350
	ATT	0.570	0.347	0.223	8.520
INFO	Unmatched	0.225	0.099	0.126	6.770
	ATT	0.225	0.068	0.157	6.590
NINFO	Unmatched	−0.004	−0.095	0.090	5.680
	ATT	−0.004	−0.096	0.092	4.590
F_INF	Unmatched	0.505	0.426	0.079	3.830
	ATT	0.505	0.361	0.144	5.220
F_INFO	Unmatched	0.161	0.133	0.028	1.490
	ATT	0.161	0.062	0.099	3.930
F_NINFO	Unmatched	−0.057	−0.063	0.006	0.380
	ATT	−0.057	−0.097	0.040	1.920
IVOL	Unmatched	0.179	0.166	0.013	10.460
	ATT	0.179	0.166	0.013	7.680
F_IVOL	Unmatched	0.168	0.162	0.006	5.610
	ATT	0.168	0.158	0.010	6.350
RESVAR	Unmatched	0.153	0.148	0.005	9.460
	ATT	0.153	0.147	0.006	8.380
F_RESVAR	Unmatched	0.148	0.147	0.001	3.360
	ATT	0.148	0.145	0.003	5.430
RESVARO	Unmatched	0.149	0.144	0.005	7.550
	ATT	0.149	0.143	0.006	7.220
F_RESVARO	Unmatched	0.144	0.143	0.001	1.740
	ATT	0.144	0.140	0.004	4.350

表6.12 机构投资者持股比例为12%的检验结果

产出变量	平均处理效应	机构股	普通股	差异	T值
INF	Unmatched	0.594	0.369	0.225	9.570
	ATT	0.594	0.332	0.262	8.860
INFO	Unmatched	0.239	0.105	0.134	6.230
	ATT	0.239	0.038	0.201	7.420
NINFO	Unmatched	0.012	−0.091	0.103	5.600
	ATT	0.012	−0.122	0.134	5.920
F_INF	Unmatched	0.513	0.430	0.083	3.500
	ATT	0.513	0.343	0.170	5.640
F_INFO	Unmatched	0.167	0.134	0.033	1.540
	ATT	0.167	0.033	0.134	4.780
F_NINFO	Unmatched	−0.048	−0.064	0.016	0.890
	ATT	−0.048	−0.103	0.056	2.380
IVOL	Unmatched	0.181	0.166	0.015	9.840
	ATT	0.181	0.167	0.014	7.500
F_IVOL	Unmatched	0.169	0.162	0.007	5.330
	ATT	0.169	0.159	0.010	6.230
RESVAR	Unmatched	0.154	0.148	0.006	8.860
	ATT	0.154	0.147	0.007	8.070
F_RESVAR	Unmatched	0.149	0.147	0.002	3.220
	ATT	0.149	0.145	0.004	5.280
RESVARO	Unmatched	0.149	0.144	0.005	6.930
	ATT	0.149	0.143	0.006	7.030
F_RESVARO	Unmatched	0.144	0.143	0.001	1.680
	ATT	0.144	0.140	0.004	4.660

在我们进行了一系列稳健性检验之后，无论是更换产出变量的指标、改变匹配方法重新进行匹配还是重新界定机构投资者持股比例再次进行检验分析，均得出与前文一致的结论。由此可以看出研究结论是稳健可靠的，机构投资者确实起到了增加股价信息含量、促进市场效率提高的作用。

6.5 本章小结

6.5.1 研究结论

本章选取 2007~2017 年 A 股上市公司季度数据，将证券投资基金持股比例大于等于 10%的股票定义为机构股，采用股价信息含量指标、调整的股价信息含量指标和去除管理者私人信息的股价信息含量指标作为产出变量，研究机构投资者持股对市场效率的影响。

在进行 PSM 模型匹配之前，首先给出中国市场机构股与普通股股价信息含量 2007~2017 年的变化情况，发现机构股股价信息含量较高的客观事实。进一步将机构股与普通股的公司财务状况变量、公司治理变量及产出变量的均值进行对比，对比结果显示机构投资者相比普通投资者更加偏好公司规模较大、主营业务利润率较高、周转较快等财务指标较好的公司。从公司治理指标和股价信息含量指标来看，也存在这种偏好，据此判断，机构投资者存在择股偏好问题，机构投资者更加偏好公司业绩优良、规模较大、治理完善且股价信息含量高的股票。结合上文发现的客观事实，这种择股偏好存在的内生性问题导致前人研究结果不可靠和不真实，因此我们致力于解决内生性问题。

为解决机构投资者选择性偏差所带来的内生性影响，采用 PSM 模型来解决机构投资者持股的内生性问题，以得出机构投资者持股对市场效率的影响。在实证部分以股价信息含量指标、调整的股价信息含量指标及去除管理者私人信息的股价信息含量指标作为产出变量，采用最近邻匹配法进行检验，得出机构投资者增加了股价信息含量、提高了市场效率的结论。这不仅解决了机构投资者持股偏差的内生性问题，也规范了股价信息含量指标的选择，排除了机构投资者与管理者勾结导致的股价信息含量的增加，得出机构投资者可以通过其理性投资提高市场效率的研究结果，使得结果更加真实可靠。

在稳健性检验中又加入特质波动率指标和流动性指标作为产出变量，并采用半径匹配法与核匹配法重新进行检验，进一步更改机构投资者持股比例的定义范围进行检验，发现稳健性检验结果与前文所得结论高度一致，即在最近邻匹配法、半径匹配法与核匹配法下，PSM 模型平均处理效应分析所得出的结论都是机构投资者持股显著提高了市场效率，并且更改机构投资者持股比例的定义也不会改变研究结论。由此可见，中国大力发展机构投资者政策是符合市场发展规律的，确实起到了改善股价信息含量的作用，促进了市场中资源的有效配置，并提高了市场效率，能够推进中国资本市场走向成熟，使得中国资本市场能够健康、有效地发展。

6.5.2 政策性建议

上文研究结果表明，机构投资者持股能够促进公司特质信息融入市场，提高市场效率，改善资源的合理配置。因此，结合上文研究结论提出如下政策建议。

（1）促进机构投资者的发展，进一步发挥机构投资者在市场上的作用。从本章的研究结论中可以看出，机构投资者能够改善公司治理水平，其交易行为能够加速信息进入股价，缓解信息不对称程度，促进市场效率的提高。中国近几年也在大力推进各类机构投资者资金在资本市场上发挥作用，确保各类机构投资者（如社保基金、保险基金、基本养老保险基金等）能够顺利进入资本市场，吸引长期资金进入市场。但是，与美国在内的成熟资本市场机构投资者相比，中国机构投资者在市场占比上还存在较大差距，在资本市场还有很大的发展空间。凭借着专业的投资技能，机构投资者的投资行为更加理性，因此能够对市场产生促进作用，应该进一步加大其规模和促进其多元化发展。

（2）在推进机构投资者发展这一进程的同时应注意做好相关的配套措施，促进市场健康、稳定发展。随着机构投资者规模不断扩大，其利用规模效应和专业的知识能力与管理者勾结或者侵占普通投资者利益的可能性不断增加，因此监管力度应跟上机构投资者发展的步伐，如何防止机构投资者与公司管理者勾结、侵占普通投资者利益等扰乱市场行为的发生，使机构投资者能够充分利用其理性投资、专业知识促进市场的有效运行应该成为监管的重点。

（3）公司治理良好是公司信息披露质量高的基础，是降低市场上信息不对称程度、提高市场效率的重要原因之一。积极引导机构投资者参与上市公司的公司治理，丰富机构投资者参与公司治理的具体途径能够有效改善公司治理情况。目前，中国的机构投资者仍处在发展阶段，虽然相关部门一直鼓励机构投资者积极参与公司治理，但参与效果及参与途径与一些市场成熟的发达国家相比较为有限。在此方面中国机构投资者可以向发达国家学习，监管机构通过完善相关法律法规为机构投资者参与公司治理提供良好的外部环境，同时可以尝试采取一些可操作性强的方式丰富参与公司治理的途径或者引导机构投资者积极参与公司治理，从而降低市场上的信息不对称程度。

（4）吸引机构投资者进行长期价值投资，促进股票市场基础环境的改善。机构投资者较普通投资者相比投资更加理性、审慎，更偏向价值投资，但中国长期进行稳定分红的上市公司占比较低，机构投资者的长期价值投资策略难以实现，与发达国家资本市场相比难以实现长期稳定的投资回报。这一问题的出现会导致机构投资者难以起到稳定市场的作用。尽管近些年中国对于上市公司分红出台了一系列细则规定，推动上市公司进行长期稳定分红，保护投资者利益，降低长期持股投资者分红税率，但仍存在一些弊端，中国分红上市公司占比还有上升空间。因此，中国应推进上市公司分红的精细化、多元化标准，综合考虑公司所处行业、发展阶段、财务状况等，避免"一刀切"，为上市公司分红营造良好的基础环境，从而吸引机构投资者进行长期价值投资。

尽管中国资本市场尚处于发展阶段，但中国政府对机构投资者发展的大力支持、中国资本市场的逐步开放、市场基础环境的改善、市场监管的不断完善，将吸引更多机构投资者的长期资金进入中国资本市场，也会引导机构投资者向更加健康、积极的方向发展，也能保障机构投资者更好地发挥理性投资者的作用，改善股价信息含量，提高市场效率。

第 7 章　股价信息含量对公司价值的影响

7.1　理论分析与研究假说

1. 监督机制分析

股价信息含量可以通过增强投资者对公司管理层的监督，降低双方之间的信息不对称程度，以此降低代理成本并增加公司价值。

Berle 和 Means（1930）指出，股价信息含量可以减少代理成本并增加公司价值，因为它可以增强投资者对公司管理层的监督，降低信息不对称程度。Durnev 等（2004）的研究表明，股价信息含量的增加可以提高信息透明度，并提高监督效率。Defond 和 Hung（2004）发现，富含信息的股价可以降低信息不对称程度，提高监督效率。杨继伟（2011）的研究表明，股价信息含量可以加强对公司现金流滥用的监督。

2. 激励机制分析

股价信息含量可以通过增强对公司管理层的激励，提升双方之间的利益相关程度，以此降低代理成本并增加公司价值。

股权激励能促使公司股东和经营者的目标一致，降低代理成本（Jensen and Meckling，1976）。披露信息的程度与经理人的约束程度正相关（王克敏和陈井勇，2004）。丰富的股价信息含量会促进高管薪酬合约的有效性，并增强股权激励的效果（Holmström and Tirole，1993；Kang and Liu，2008）。股价信息含量与股票内在价值显著相关，通过设定高价值的股权激励方案可有效提高公司经理人提高公司业绩的意愿（Hutton et al.，2008）。

3. 信息不对称机制分析

股价信息含量可以直接降低投资者和管理层之间的信息不对称程度，以此降低代理成本并增加公司价值。

代理问题是公司所有者与控制者之间的信息不对称造成的。监督和激励是降低信息不对称程度的解决方案。股价作为公开信息，投资者可以通过股价降低股东与管理者之间的信息不对称程度。Durnev 等（2004）、Defond 和 Hung（2004）研究发现，富含信息的股价可以增加信息透明度，降低公司信息不对称程度。

7.2 研究设计

7.2.1 研究思路与假设提出

根据上述监督机制、激励机制和信息不对称机制的分析，提出第一个假设。

假设 7.1：股价信息含量可以降低上市公司的代理成本并增加公司价值。

1. 以机构投资者持股衡量上市公司的信息不对称程度

已有研究表明，机构投资者通过专业优势、信息优势和资金等方面的优势，显著增强对管理层的监督，从而降低信息不对称程度和代理成本。机构投资者有多种方式来增强对管理层的监督，如通过信息甄别限制人为干预，或通过"用脚投票"的方式表达对公司管理经营的认可度。

当机构投资者持股比例较低时，公司管理层需要承受较高的代理成本，因为机构投资者对公司管理层存在监督效应。如果股价信息含量能够通过降低公司信息不对称程度来降低代理成本，那么在机构投资者持股比例较低时，股价信息含量对代理成本的降低效果将十分显著。相反，当机构投资者持股比例较高时，由于机构投资者对公司管理层的监督程度较强，股价信息含量对降低代理成本的作用相对较弱。基于此，提出第二个假设。

假设 7.2：公司机构投资者持股比例的增加会削弱股价信息含量对代理成本的降低作用。

2. 以股票流动性衡量上市公司的信息不对称程度

Tirole（2003）认为，流动性高的股票可以降低代理成本，因为这样的股票受私人信息影响程度更小，并且交易成本更低。Holmström 和 Tirole（1993）指出，如果提高管理层股权薪酬，将会提高 CEO 薪酬敏感性，增加管理层努力水平，从而使股权激励机制具有更大作用。Jayaraman 和 Milbourn（2012）的实证结果显示，管理人股权激励比例和股票流动性呈正相关关系。苏冬蔚和熊家财（2013）也发现流动性对提高 CEO 薪酬敏感性和降低代理成本具有显著影响。

因为股票流动性会影响公司管理层的激励水平，当股票流动性较低时，代理成本就会相对更高。如果股价信息含量可以通过降低公司信息不对称程度来降低代理成本，那么在股票流动性较低时，由于信息不对称程度较高，股价信息含量对降低代理成本的作用会十分显著。相比之下，在股票流动性较高时，股价信息含量对降低代理成本的作用会比较弱。基于此，提出第三个假设。

假设 7.3： 公司股票流动性的增加会削弱股价信息含量对代理成本的降低作用。

3. 以信息披露质量衡量上市公司的信息不对称程度

研究表明，信息披露可以有效降低公司信息不对称的情况，信息披露质量越高，公司信息不对称程度就越低（Welker，1995）。阿克洛夫（2001）通过模型证明，公司为了避免信息不对称降低带来的股价异常波动等对公司价值不利的后果，会选择进行信息披露。孙伟和周瑶（2012）发现，上市公司在进行企业社会责任信息披露后，可以降低我国投资者与公司之间的信息不对称程度。

公司信息披露质量会影响公司管理层和股东（投资者）之间的信息不对称程度，在信息披露质量较低时，代理成本也会相应升高。如果股价信息含量能够通过降低公司信息不对称程度来降低代理成本，那么在信息披露质量较低时，股价信息含量对降低代理成本的作用将会更加显著；而在信息披露质量较高时，股价信息含量对降低代理成本的作用将会相对较弱。因此，提出第四个假设。

假设 7.4： 公司信息披露质量的增加会削弱股价信息含量对代理成本的降低作用。

7.2.2 样本选择

本章以 2005~2017 年（考虑到 2005 年上市公司进行股权分置改革，在中国股票市场上股价信息含量开始发挥更大的作用，样本选取的数据时间点从 2005 年开始）沪深两市 A 股上市公司的年度数据为研究样本，所有数据取自国泰安 CSMAR 数据库：①剔除金融类上市公司和样本区间内被 ST 或 PT 的公司；②对模型中主要变量在 1%水平上进行 winsorize 缩尾处理；③剔除缺乏相关变量数据的样本公司。

考虑到股价信息含量对代理成本的影响需要一定时间，影响当期的公司股东与管理层之间的信息不对称程度及代理成本的只会是前期的股价信息含量；机构投资者通过参与公司治理来降低其代理成本进而提升公司业绩的过程只可能发生在其持股之后；股票流动性对代理成本发挥作用需要一定时间，影响当期的公司股东与管理层之间的信息不对称程度及代理成本的只会是前期的股票流动性；公司的很多财务信息和社会责任信息都以年报在年底披露，因此本年的信息披露不会影响当期的信息不对称程度，影响当期的公司股东与管理层之间的信息不对称程度及代理成本的只会是前期的公司信息披露质量。考虑上述原因和可能存在的内生性问题，借鉴王谨乐和史永东（2016），所有的股价信息含量变量、机构投资者持股、股票流动性、信息披露质量均采用滞后一期数据。

7.2.3 研究变量选取及计算

1. 公司价值变量设定

1）公司价值

根据 Ljungqvist 和 Habib（2005）、苏治和连玉君（2011），通常用托宾 Q（Tobin Q）来衡量公司价值，托宾 Q 即相关公司总资产的公允价值与其重置成本之比，本章使用托宾 Q 作为公司价值的衡量指标，并对其做对数处理，构成模型的被解释变量。

2）价值函数变量

（1）公司规模（size）：ln（当期期末总资产余额）。

（2）公司投资 ln（invt）：现金流量表"构建固定资产、无形资产和其他资产支付的现金"科目当期发生额/固定资产净值。

（3）固定资产比率（tang）：固定资产原值/当期期末总资产余额。

（4）主营业务收入增长率（sgr）：当期主营业务收入增长额/上期主营业务收入发生额。

（5）总资产增长率（tagr）：当期总资产增加额/上期期末总资产余额。

（6）总资产收益率（roa）：当期净利润发生额/当期期末总资产余额。

（7）财务杠杆（lev）：当期期末总负债余额/当期期末总资产余额。

2. 代理成本变量设定

（1）高管持股比例（magstk）：公司高层管理人员持股比例之和。

（2）第一大股东持股比例（topone）。

（3）是否国有企业（state）：0-1 变量，其中 1 代表公司为国有企业，0 代公司为非国有企业。

（4）高管薪酬 ln（pay）：高管薪酬前三名加和后的对数值。

（5）两职合一（dual）：0-1 变量，1 和 0 分别代表公司董事长和总经理为同一人和非同一人。

（6）独立董事占比（idr）：独立董事人数/全体董事会成员人数。

（7）董事会规模（board）：董事会总人数。

3. 股价信息含量指标设定

根据 Morck 等（2000）、熊家财和苏冬蔚（2014），针对股价信息含量，本章对相关个股价格与市场整体价格波动的非同步性进行描述。

具体而言，本章首先对个股收益进行考量，将其方差在市场层面和公司特质层面进行分解，方程如下：

$$r_{i,t,w} = \alpha_{i,t} + \beta_{i,t} \times r_{m,t,\omega} + \varepsilon_{i,t,\omega} \quad (7.1)$$

其中，$r_{i,t,w}$ 为个股 i 第 t 期的周度超额收益率；$r_{m,t,\omega}$ 为市场层面相关指数的周度超额收益率；$\varepsilon_{i,t,\omega}$ 表示公司特质波动率。回归方程（7.1）的拟合优度 $R_{i,t}^2$ 代表个股 i 的周度超额收益率能够被市场风险解释的程度。若 $R_{i,t}^2$ 下降，则意味着 $\varepsilon_{i,t,\omega}$ 的方差上升，也即股价所包含的公司特质信息含量增加。

其次，通过式（7.2）计算股价信息含量 stocksyn：

$$\text{stocksyn}_{i,t} = \ln[(1 - R_{i,t}^2) / R_{i,t}^2] \quad (7.2)$$

4. 信息不对称指标设定

（1）机构投资者持股比例（fund）指标：机构投资者持股总股数/流通股总股数。

（2）股票流动性指标：

$$\text{illiq}_{i,t} = \frac{1}{D} \sum_{d=1}^{D_{i,t}} \left(\frac{|r_{i,t,d}|}{V_{i,t,d}} \right) \times 100 \quad (7.3)$$

其中，$r_{i,t,d}$ 和 $V_{i,t,d}$ 分别为股票 i 在年度 t 第 d 天的股票回报率和当日成交金额；$D_{i,t}$ 为相关股票于年度 t 的全年交易天数，$\frac{|r_{i,t,d}|}{V_{i,t,d}}$ 为单位成交额所引起的价格变化，成交金额单位为百万元，取年平均值并乘以 100 后为非流动性指标。illiq 越高，单位成交金额对价格的冲击就越大，表明股票流动性越低，反之则反之。该指标由 Amihud 提出并得到广泛应用。

（3）信息披露质量指标。根据 Kim 和 Verrecchia（2001）、周开国等（2011），本章选用 KV 度量法对相关个股信息披露质量进行考量。Kim 和 Verrecchia（2001）

通过对投资者在实际投资过程中所依赖的信息来源进行研究，指出在信息披露程度不同的情况下，投资者对交易量与已披露信息两方面的信息依赖程度存在差异。具体而言，当个股的信息披露充分时，投资者更倾向依据已披露信息进行决策；而当个股的信息披露不充分时，投资者更倾向依据目标资产的交易量信息进行决策。换言之，通过考察投资者对相关个股交易量信息的依赖程度，可以在一定程度上对其信息披露充分与否进行衡量，即收益率对交易量的暴露系数与相关个股的信息披露程度成反比，系数越高，表明投资者决策时越依赖于交易量信息而非已披露信息，进而表明该个股的信息披露质量越低。

KV 度量法的模型如下：

$$\ln\left(\frac{\Delta P_t}{p_{t-1}}\right) = \alpha + \beta(\text{Vol}_t - \text{Vol}_0) + \mu_t \quad (7.4)$$

$$kv = 10\,000 \times \beta \quad (7.5)$$

其中，P_t 为第 t 期相关个股；Vol_t 为第 t 期相关个股的交易股数，为样本期间相关个股的日平均交易股数；β 为个股的收益率在交易量变动上的暴露系数（依据上述理论，此处暂不考虑暴露系数为负值的情况），β 越小，说明相关个股收益率在交易量变动上的暴露越低，进一步表明相关个股的信息披露程度越高。因此，kv 值与信息披露质量成反比。在应用模型时，$\Delta P_t=0$ 时等式没有意义，故删除所有 $\Delta P_t=0$ 的交易日。

7.2.4 模型的构建

1. 回归模型

$$\begin{aligned}\ln(\text{Tobin}Q_{it}) = &\alpha_0 + \alpha_1 \text{size}_{i,t} + \alpha_2 \ln(\text{invt}_{i,t}) + \alpha_3 \text{sgr}_{i,e} + \alpha_4 \text{tang}_{i,t} \\ &+ \alpha_5 \text{tagr}_{i,t} + \alpha_6 \text{roa}_{i,t} + \alpha_7 \text{lev}_{i,t} + \varepsilon_{i,t}\end{aligned} \quad (7.6)$$

$$\begin{aligned}\ln(\text{Tobin}Q_{i,t}) = &\beta_0 + \beta_1 \text{size}_{i,t} + \beta_2 \ln(\text{invt}_{i,t}) + \beta_3 \text{sgr}_{ie} + \beta_4 \text{tang}_{i,t} \\ &+ \beta_5 \text{tagr}_{i,t} + \beta_6 \text{roa}_{i,t} + \beta_7 \text{lev}_{i,t} + \beta_8 \text{magstk}_{i,t} \\ &+ \beta_9 \text{topone}_{i,t} + \beta_{10} \text{state}_{i,t} + \beta_{11} \ln(\text{pay})_{i,t} + \beta_{12} \text{dual}_{i,t} \\ &+ \beta_{13} \text{idr}_{i,t} + \beta_{14} \text{board}_{i,t} + \varepsilon_{i,t}\end{aligned} \quad (7.7)$$

本章用 OLS 法和 OLS 法增加固定效应分别对模型（7.6）和模型（7.7）进行回归估计。

2. 异质性随机前沿模型

1）基本 SFA 模型

不同公司的最优价值和代理成本存在异质性特征，参考熊家财和苏冬蔚（2016）研究股价流动性对代理成本的影响时的方法，选取异质性 SFA 模型测算公司的最优价值和代理成本，并以此来估计公司的代理效率。公司的前沿价值即其最优价值，可定义为当公司管理者在所有的公司治理问题上做出最优决策时（管理层与股东目标完全一致，代理成本为零）所能产生的最大价值。由于公司在实际经营中无法完全避免代理冲突，公司实际价值会偏离最优价值，偏离的部分被认为是代理成本。假设公司的前沿价值为 $Q_{i,t}^*$，将其表示为式（7.8）：

$$Q_{i,t}^* = f(X_{i,t}) + v_{i,t} \tag{7.8}$$

其中，$X_{i,t}$ 为一组由公司财务特征变量和年度虚拟变量所构成的向量[①]，财务特征变量包括规模、负债、财务业绩、成长能力、投资水平及有形资产比例；$v_{i,t}$ 为随机干扰项，服从 $N(0,\sigma_v^2)$ 分布。在实际公司经营中，由于代理成本的存在，公司的实际价值会小于其前沿价值 $Q_{i,t}^*$，于是将公司的实际价值表达为式（7.9）：

$$Q_{i,t} = f(X_{i,t}) - F(Z_{i,t}) + v_{i,t} \tag{7.9}$$

其中，$F(Z_{i,t})$ 表示代理成本。设 $F(Z_{i,t}) = u_{i,t}$，则公司的实际价值可以表达为式（7.10）：

$$Q_{i,t} = f(X_{i,t}) + \varepsilon_{i,t}, \quad \varepsilon_{i,t} = v_{i,t} - u_{i,t} \tag{7.10}$$

模型（7.8）构建了一个公司价值的 SFA 模型，其随机干扰项 $\varepsilon_{i,t}$ 由 $v_{i,t}$ 和 $u_{i,t}$ 两部分组成。其中，$v_{i,t}$ 为常规意义上的随机干扰项，服从 $N(0,\sigma_v^2)$ 分布。$u_{i,t}$ 表示代理成本，代理成本只会降低公司价值，具有单边分布的特征，因此假定 $u_{i,t}$ 服从非负的截断型半正态分布，即 $u_{i,t} \in N(\omega_{i,t}, \sigma_{i,t}^2)$，其中 $\omega_{i,t}$ 代表公司的实际价值与前沿价值的偏离程度，即代理成本的高低，$\sigma_{i,t}^2$ 衡量了这种偏离的不确定性。$\omega_{i,t}$ 和 $\sigma_{i,t}^2$ 均为异质性参数，随不同公司个体和时间的变化而变化，因此对 $u_{i,t}$ 的分布特征做出如下异质性设定：

$$\omega_{i,t} = \exp(b_0 + z_{i,t}'\delta) \quad \sigma_{i,t}^2 = \exp(b_1 + z_{i,t}'\gamma) \tag{7.11}$$

其中，$z_{i,t}'$ 为反映股价信息含量的变量和影响公司代理成本的变量所构成的向量；b_0 和 b_1 均为常数。假设 $u_{i,t}$ 服从非负的截断型半正态分布，即其分布参数 $\omega_{i,t}$ 和 $\sigma_{i,t}^2$ 均为非负值，因此表达式均采用指数形式，事实上，$\ln(\omega_{i,t})$ 和 $\ln(\sigma_{i,t}^2)$ 依

[①] 本书向量均用白体表示。

第 7 章 股价信息含量对公司价值的影响

然是 $z'_{i,t}$ 的线性函数。基于式（7.11），我们可以同时考察股价信息含量对公司价值缺口（代理成本）$\omega_{i,t}$ 的影响，以及其对公司治理效果的不确定性 $\sigma^2_{i,t}$ 的影响。

使用 SFA 模型的优点之一，就是可以构造代理效率指数，$\text{AE}_{i,t}$ 定量测算上市公司的代理成本，$\text{AE}_{i,t}$ 为公司的实际价值 $Q_{i,t}$ 与最优价值 $Q^*_{i,t}$ 之比：

$$\text{AE}_{i,t} = \frac{\exp(X_{i,t}\beta - u_{i,t})}{\exp(X_{i,t}\beta)} \tag{7.12}$$

由式（7.12）可见，$\text{AE}_{i,t}$ 取值位于 0 和 1 之间，其与公司代理成本呈负相关关系，当 $\text{AE}_{i,t}$ 取值为 1 时，即代理成本最低。

2）具体 SFA 模型形式

下面的式（7.13）~式（7.20）给出了 SFA 模型的具体形式。

$$\ln(\text{Tobin}Q_{i,t}) = \gamma_0 + \gamma_1 \text{size}_{i,t} + \gamma_2 \ln(\text{invt}_{i,t}) + \gamma_3 \text{sgr}_{i,t} + \gamma_4 \text{tang}_{i,t} \\ + \gamma_5 \text{tagr}_{i,t} + \gamma_6 \text{roa}_{i,t} + \gamma_7 \text{lev}_{i,t} + (v_{i,t} - u_{i,t}) \tag{7.13}$$

$$\ln(\omega_{i,t}a) = \delta_0 + \delta_1 \text{stocksyn}_{i,t-1} + \delta_2 \text{magstk}_{i,t} + \delta_3 \text{topone}_{i,t} + \delta_4 \text{state}_{i,t} \\ + \delta_5 \ln(\text{pay}_{i,t}) + \delta_6 \text{dual}_{i,t} + \delta_7 \text{idr}_{i,t} + \delta_8 \text{board}_{i,t} \tag{7.14}$$

$$\ln(\omega_{i,t}a) = \delta_0 + \delta_1 \text{fund}_{i,t-1} + \delta_2 \text{magstk}_{i,t} + \delta_3 \text{topone}_{i,t} + \delta_4 \text{state}_{i,t} \\ + \delta_5 \ln(\text{pay}_{i,t}) + \delta_6 \text{dual}_{i,t} + \delta_7 \text{idr}_{i,t} + \delta_8 \text{board}_{i,t} \tag{7.15}$$

$$\ln(\omega_{i,t}a) = \delta_0 + \delta_1 \text{illiq}_{i,t-1} + \delta_2 \text{magstk}_{i,t} + \delta_3 \text{topone}_{i,t} + \delta_4 \text{state}_{i,t} \\ + \delta_5 \ln(\text{pay}_{i,t}) + \delta_6 \text{dual}_{i,t} + \delta_7 \text{idr}_{i,t} + \delta_8 \text{board}_{i,t} \tag{7.16}$$

$$\ln(\omega_{i,t}a) = \delta_0 + \delta_1 \text{kv}_{i,t-1} + \delta_2 \text{magstk}_{i,t} + \delta_3 \text{topone}_{i,t} + \delta_4 \text{state}_{i,t} \\ + \delta_5 \ln(\text{pay}_{i,t}) + \delta_6 \text{dual}_{i,t} + \delta_7 \text{idr}_{i,t} + \delta_8 \text{board}_{i,t} \tag{7.17}$$

$$\ln(\omega_{i,t}a) = \delta_0 + \delta_1 \text{stocksyn}_{i,t-1} + \delta_2 \text{fund}_{i,t-1} + \delta_3 \text{stocksyn}_{i,t-1} \\ \times \text{fund}_{i,t-1} + \delta_4 \text{magstk}_{i,t} + \delta_5 \text{topone}_{i,t} + \delta_6 \text{state}_{i,t} \\ + \delta_7 \ln(\text{pay}_{i,t}) + \delta_8 \text{dual}_{i,t} + \delta_9 \text{idr}_{i,t} + \delta_{10} \text{board}_{i,t} \tag{7.18}$$

$$\ln(\omega_{i,t}b) = \delta_0 + \delta_1 \text{stocksyn}_{i,t-1} + \delta_2 \text{illiq}_{i,t-1} + \delta_3 \text{stocksyn}_{i,t-1} \\ \times \text{illiq}_{i,t-1} + \delta_4 \text{magstk}_{i,t} + \delta_5 \text{topone}_{i,t} + \delta_6 \text{state}_{i,t} \\ + \delta_7 \ln(\text{pay}_{i,t}) + \delta_8 \text{dual}_{i,t} + \delta_9 \text{idr}_{i,t} + \delta_{10} \text{board}_{i,t} \tag{7.19}$$

$$\ln(\omega_{i,t}a) = \delta_0 + \delta_1 \text{stocksyn}_{i,t-1} + \delta_2 \text{kv}_{i,t-1} + \delta_3 \text{stocksyn}_{i,t-1} \\ \times \text{kv}_{i,t-1} + \delta_4 \text{magstk}_{i,t} + \delta_5 \text{topone}_{i,t} + \delta_6 \text{state}_{i,t} \\ + \delta_7 \ln(\text{pay}_{i,t}) + \delta_8 \text{dual}_{i,t} + \delta_9 \text{idr}_{i,t} + \delta_{10} \text{board}_{i,t} \tag{7.20}$$

7.3 实证检验

7.3.1 变量描述性统计

各变量描述性统计见表7.1。

表7.1 各变量描述性统计

	变量	样本量/个	均值	中位数	标准差	最小值	最大值
前沿价值变量	ln(TobinQ)	21 000	0.395	0.428	0.834	−1.640	2.302
	size	21 000	22.000	21.820	1.232	19.740	25.830
	ln(invt)	21 000	−1.545	−1.495	1.284	−5.306	1.684
	sgr	21 000	0.156	0.120	0.298	−0.546	1.278
	tang	21 000	0.935	0.961	0.080	0.554	1.000
	tagr	21 000	0.160	0.103	0.241	−0.247	1.226
	roa	21 000	0.038	0.035	0.050	−0.154	0.186
	lev	21 000	0.446	0.450	0.204	0.0520	0.870
代理成本变量	stocksyn	21 000	0.699	0.502	1.241	−2.685	14.49
	magstk	21 000	0.051	0	0.121	0	0.575
	topone	21 000	35.570	33.670	15.030	8.800	74.090
	ln(pay)	21 000	14.060	14.080	0.767	12.080	16.040
	state	21 000	0.461	0	0.498	0	1
	idr	21 000	0.369	0.333	0.052	0.300	0.571
	dual	21 000	0.222	0	0.416	0	1
	board	21 000	8.894	9.000	1.796	5.000	15.000

7.3.2 实证结果

1. 股价信息含量与公司价值——基于代理成本视角

表7.2中列示了在OLS模型估计、固定效应模型估计及异质性SFA模型估计

中，股价信息含量和公司价值及代理成本的关系。列（a）、列（b）是 OLS 模型估计，列（a）是模型（7.6）的 OLS 模型估计实证结果，解释变量为一系列影响公司价值的变量，被解释变量为公司实际价值托宾 Q；列（b）是模型（7.7）的 OLS 模型估计实证结果，解释变量为一系列影响公司价值的变量和一系列影响代理成本的变量，被解释变量为公司实际价值托宾 Q。列（c）、列（d）是固定效应模型估计，列（c）是模型（7.6）的固定效应模型实证结果，解释变量为一系列影响公司价值的变量，被解释变量为公司实际价值托宾 Q；列（d）是模型（7.7）的固定效应模型实证结果，解释变量为一系列影响公司价值的变量和一系列影响代理成本的变量，被解释变量为公司实际价值托宾 Q。列（e）、列（f）是异质性 SFA 模型估计，列（e）是模型（7.13）的实证结果，即没有代理成本部分的异质性 SFA 模型估计结果；（f）列的公司价值部分对应于模型（7.13），代理成本部分对应于模型（7.14），是一个包含公司前沿价值部分和代理成本部分的完整的 SFA 模型，在这个完整的 SFA 模型中，代理成本是造成公司的实际价值小于由一系列刻画公司价值的变量形成的公司的前沿（最优）价值的原因。因此，在整个 SFA 模型中，解释变量为一系列影响公司价值的变量和一系列影响代理成本的变量，被解释变量为公司的实际价值托宾 Q。

表7.2 股价信息含量与公司价值

变量		OLS 模型		固定效应模型		SFA 模型	
		Half	All	Half	All	Half	All
		（a）	（b）	（c）	（d）	（e）	（f）
公司价值部分	size	-0.336 7*** （-105.21）	-0.342 0*** （-89.50）	-0.481 6*** （-74.07）	-0.493 2*** （-74.22）	-0.336 7*** （-105.26）	-0.329 0*** （-88.55）
	ln(invt)	0.027 1*** （9.91）	0.012 6*** （4.58）	0.008 4*** （3.41）	0.001 9 （0.77）	0.027 1*** （9.91）	0.013 6*** （4.96）
	sgr	0.070 7*** （5.97）	0.063 3*** （5.49）	0.059 0*** （6.70）	0.051 7*** （5.98）	0.070 7*** （5.98）	0.058 5*** （5.09）
	tang	-0.359 9*** （-8.56）	-0.403 2*** （-9.82）	-0.384 1*** （-8.14）	-0.374 2*** （-8.01）	-0.359 9*** （-8.57）	-0.377 8*** （-9.21）
	tagr	0.128 1*** （8.76）	0.114 3*** （7.99）	0.155 7*** （14.05）	0.151 1*** （13.89）	0.128 1*** （8.77）	0.105 4*** （7.39）
	roa	2.893 6*** （39.04）	2.452 5*** （32.91）	2.522 6*** （37.48）	2.237 8*** （33.16）	2.893 6*** （39.06）	2.508 2*** （33.96）
	lev	-1.166 4*** （-55.65）	-1.187 6*** （-57.38）	-0.671 9*** （-25.23）	-0.660 2*** （-25.26）	-1.166 4*** （-55.68）	-1.207 9*** （-58.32）
	截距项					7.741 6*** （94.91）	7.869 6*** （88.13）

续表

变量		OLS 模型		固定效应模型		SFA 模型	
		Half (a)	All (b)	Half (c)	All (d)	Half (e)	All (f)
代理成本部分	stocksyn		0.108 2*** (24.03)		0.073 6*** (19.26)		−0.168 6*** (−23.16)
	magstk		−0.046 5 (−1.48)		−0.322 0*** (−6.62)		−0.018 6 (−0.50)
	topone		0.001 4*** (6.43)		−0.000 6 (−1.45)		−0.001 4*** (−5.97)
	state		−0.056 7*** (−7.52)		−0.096 8*** (−5.66)		0.055 4*** (7.03)
	ln(pay)		0.106 4*** (20.02)		0.125 9*** (17.65)		−0.095 3*** (−17.48)
	dual		0.019 1** (2.24)		0.015 3* (1.66)		−0.017 7* (−1.90)
	idr		0.632 7*** (9.46)		0.100 (1.35)		−0.575 3*** (−8.12)
	board		0.010 7*** (5.17)		0.005 1* (1.85)		−0.011 3*** (−5.25)
截距项		7.740 9*** (101.80)	6.102 6*** (66.68)	10.576 1*** (71.48)	9.120 7*** (56.29)	−0.232 (−0.02)	1.912 8*** (21.69)
年度		控制	控制	控制	控制	控制	控制
N		21 175	21 130	21 175	21 130	21 175	21 130
调整的 R^2		0.690 5	0.706 9	0.618 1	0.633 9		
对数似然值						−13 822.32	−13 164.099

*、**、***分别表示10%、5%及1%的显著性水平

注：括号内为 t 值

在列（a）~列（e）的公司价值部分，我们可以看到，公司规模（size）、固定资产比率（tang）和负债率（lev）对公司价值有显著的负向影响；公司投资[ln（invt）]、主营业务收入增长率（sgr）、总资产增长率（tagr）和总资产收益率（roa）对公司价值有显著的正向影响。

列（b）、列（d）刻画的是公司价值部分和代理成本部分的变量对公司价值的影响，股价信息含量前的系数显著为正值，表示股价信息含量对公司价值的影响显著为正向。列（f）的公司价值部分刻画的是公司价值部分变量和公司价值的关系，与列（b）、列（d）不同的是，列（f）的代理成本部分刻画的是该部分变量

和代理成本的关系,因此在代理成本部分中,股价信息含量的系数显著为负值,表示股价信息含量对代理成本的影响显著为负向;同时,在 SFA 模型中,代理成本部分对公司的实际价值是负向作用,股价信息含量对代理成本的影响显著为负向,意味着股价信息含量对公司价值的影响显著为正向;因此在代理成本部分中,股价信息含量的系数显著为负值,表示股价信息含量越高,代理成本越低,公司价值越高。

通过对列(b)、列(d)、列(f)三列实证结果的上述分析,我们可以得出结论,股价信息含量越高,代理成本越低,公司价值越高,证明本书的假设 7.1 为真。

2. 代理效率

使用 SFA 模型的优点之一,是可以构造代理效率指数。表 7.3 列示了根据 SFA 模型测算的 2005~2017 年所有上市公司代理效率的描述性统计。

表7.3 代理效率的描述性统计

年份	样本量/个	均值	标准差	最小值	P25	P50	P75	最大值
2005	810	0.935 2	0.030 2	0.867 3	0.912 5	0.931 5	0.953 2	0.999 7
2006	964	0.933 8	0.027 7	0.870 0	0.913 3	0.932 3	0.951 6	0.999 7
2007	929	0.951 6	0.041 2	0	0.932 3	0.951 4	0.972 5	0.999 7
2008	1053	0.941 7	0.028 7	0.872 6	0.921 0	0.939 4	0.960 1	0.999 7
2009	1170	0.913 6	0.027 9	0.842 1	0.894 5	0.911 0	0.929 1	0.999 7
2010	1237	0.939 1	0.027 7	0.844 0	0.919 8	0.938 1	0.958 4	0.999 7
2011	1610	0.953 9	0.027 5	0.876 5	0.934 3	0.952 7	0.974 2	0.999 7
2012	2012	0.956 4	0.025 8	0.872 7	0.938 3	0.956 1	0.974 6	0.999 7
2013	2108	0.952 3	0.026 5	0.876 3	0.932 6	0.952 8	0.971 1	0.999 7
2014	1995	0.966 6	0.023 0	0.890 2	0.949 7	0.968 0	0.985 7	0.999 7
2015	1995	0.975 5	0.021 5	0.896 5	0.960 0	0.978 9	0.997 1	0.999 7
2016	2311	0.944 5	0.029 0	0.859 3	0.923 3	0.942 6	0.964 4	0.999 7
2017	2372	0.946 6	0.029 6	0.862 9	0.925 1	0.944 4	0.967 0	0.999 7

代理效率由表 7.2 的列(e)计算所得,即表 7.3 中的代理效率是加入股价信息含量对代理成本的影响后计算的代理效率。在表 7.3 中,每年所有上市公司的代理效率均值都在 0.9 以上,说明股价信息含量对代理成本的降低作用显著。

图 7.1 绘制了所有公司所有年份的代理效率分布直方图,代理效率由表 7.2 的列(e)计算所得,结果和表 7.3 相同。加入股价信息含量对代理成本的影响后计算的代理效率,在 0.9~1 的分布频次最高,说明股价信息含量可以显著降低代理

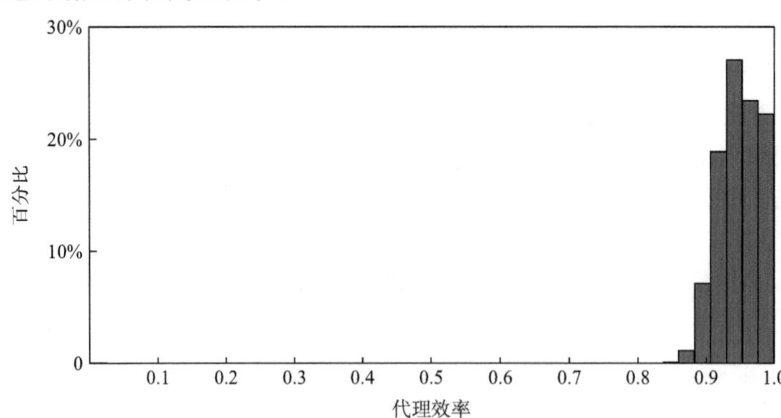

成本，进而增加有效代理效率。

图7.1 代理效率分布直方图

3. 进一步分析

表 7.4 和表 7.5 用来检验股价信息含量对代理成本的影响机制，即股价信息含量是否可以通过降低公司信息不对称程度来降低公司代理成本。

表7.4 信息不对称指标的SFA模型检验

变量		fund	illiq	kv
公司价值部分	size	−0.381 5*** (−104.69)	−0.367 8*** (−96.83)	−0.376 0*** (−97.88)
	ln（invt）	0.006 0** (2.21)	0.017 4*** (6.26)	0.019 0*** (6.80)
	sgr	0.049 1*** (4.36)	0.066 4*** (5.69)	0.069 6*** (5.95)
	tang	−0.332 6*** (−8.28)	−0.386 1*** (−9.27)	−0.391 8*** (−9.38)
	tagr	0.099 3*** (7.11)	0.132 9*** (9.19)	0.133 7*** (9.20)
	roa	1.956 6*** (26.40)	2.537 6*** (33.65)	2.610 9*** (34.47)
	lev	−1.109 1*** (−55.09)	−1.127 2*** (−54.01)	−1.133 4*** (−54.33)
	截距项	9.496 1*** (45.75)	9.093 8*** (37.67)	9.962 9*** (7.73)

续表

	变量	fund	illiq	kv
代理成本部分	fund	-0.012 3*** (-25.91)		
	illiq		0.012 6*** (3.50)	
	kv			0.246 6*** (14.76)
	magstk	0.104 0*** (3.35)	0.003 40 (0.11)	-0.022 2 (-0.69)
	topone	-0.002 3*** (-10.76)	-0.001 9*** (-8.45)	-0.002 2*** (-9.92)
	state	0.060 7*** (8.14)	0.068 5*** (9.00)	0.071 0*** (9.34)
	ln(pay)	-0.091 4*** (-17.43)	-0.107 2*** (-19.95)	-0.108 0*** (-20.06)
	dual	-0.020 2** (-2.41)	-0.018 8** (-2.18)	-0.019 8** (-2.29)
	idr	-0.631 0*** (-9.57)	-0.638 9*** (-9.44)	-0.622 1*** (-9.17)
	board	-0.011 7*** (-5.68)	-0.011 2*** (-5.33)	-0.011 6*** (-5.51)
	截距项	2.525 1*** (12.47)	2.460 7*** (10.18)	3.100 6** (2.41)
	年度	控制	控制	控制
	N	21 175	21 175	20 897
	对数似然值	-12 738.219	-13 505.564	-13 259.541

、*分别表示5%、1%的显著性水平

注：括号内为 t 值

表7.5 交乘项的SFA模型检验

	变量	fund	illiq	kv
公司价值部分	size	-0.360 4*** (-96.85)	-0.336 1*** (-89.94)	-0.291 8*** (-84.41)
	ln(invt)	0.002 8 (1.05)	0.013 8*** (5.04)	0.018 0*** (6.95)

续表

	变量	fund	illiq	kv
公司价值部分	sgr	0.047 8*** (4.28)	0.059 0*** (5.14)	0.084 3*** (7.75)
	tang	−0.340 4*** (−8.57)	−0.385 4*** (−9.42)	0.064 9* (1.66)
	tagr	0.083 7*** (6.05)	0.108 9*** (7.65)	0.129 6*** (9.58)
	roa	1.905 9*** (25.98)	2.512 0*** (34.05)	2.240 9*** (32.17)
	lev	−1.161 7*** (−58.05)	−1.189 6*** (−57.53)	−1.476 8*** (−74.74)
	截距项	8.973 7*** (71.61)	8.076 0*** (89.48)	6.609 1*** (80.35)
代理成本部分	stocksyn	−0.109 0*** (−21.80)	−0.154 3*** (−19.75)	−0.207 9*** (−17.92)
	fund	−0.012 5*** (−34.20)		
	stocksyn×fund	0.002 0*** (5.22)		
	illiq		0.110 2*** (15.38)	
	stocksyn×illiq		−0.097 0*** (−10.40)	
	kv			0.298 3*** (13.65)
	stocksyn×kv			−0.267 8*** (−6.88)
	magstk	0.128 5*** (4.19)	−0.052 0 (−1.32)	−0.209 6*** (−3.38)
	topone	−0.002 0*** (−9.12)	−0.001 7*** (−6.96)	−0.001 7*** (−5.95)
	state	0.049 7*** (6.79)	0.053 8*** (6.59)	0.075 4*** (7.50)
	ln(pay)	−0.091 1*** (−17.62)	−0.092 5*** (−16.23)	−0.056 9*** (−9.06)

续表

变量		fund	illiq	kv
代理成本部分	dual	−0.020 0** (−2.41)	−0.019 5** (−2.01)	−0.022 1* (−1.85)
	idr	−0.619 3*** (−9.51)	−0.580 1*** (−7.73)	−0.322 3*** (−3.67)
	board	−0.011 2*** (−5.58)	−0.011 2*** (−5.08)	−0.008 2*** (−3.25)
	截距项	2.440 8*** (20.20)	1.893 2*** (20.63)	1.158 8*** (11.89)
	年度	控制	控制	控制
	N	21 130	21 130	20 890
	对数似然值	−12 464.128	−13 044.572	−13 255.577

*、**、***分别表示10%、5%及1%的显著性水平

注：括号内为 t 值

在本书的实证假设7.2中，我们分析过机构投资者持股比例（fund）可以通过增加对管理层的监督作用，降低公司信息不对称程度和代理成本；股票流动性可以通过增加对管理层的激励作用，降低公司信息不对称程度和代理成本，本章用illiq指标作为反向指标来衡量股票流动性；信息披露质量可以通过直接降低公司信息不对称程度来降低公司代理成本，本章选取kv指标作为反向指标来衡量信息披露质量。

以往的文献大多使用资产周转率、管理费用率或者在职消费等间接指标衡量代理成本，对代理成本的衡量并不十分准确，为了在技术层面取得更好的检验效果，本章选取SFA模型作为研究股价信息含量对代理成本影响时的实证模型。为了检验机构投资者持股比例、股票流动性和信息披露质量是否可以降低公司信息不对称程度及代理成本，本章设置了模型（7.15）~模型（7.17），即在SFA模型的代理成本部分分别加入fund、illiq、kv，检验三者对代理成本的影响是否显著。

表7.4是为了检验机构投资者持股比例、股票流动性和信息披露质量三者对代理成本的影响是否显著。与表7.2一样，表7.4的fund、illiq、kv三列的公司价值部分是模型（7.13）分别对应于代理成本部分的fund、illiq、kv三项的实证结果，表7.4的fund、illiq、kv三列的公司价值部分所有变量的系数结果也和表7.2相同。在表7.4的fund一列的代理成本部分中，fund的系数显著为负值，表示机构投资者持股比例对代理成本有显著的降低作用，即机构投资者持股越多，公司信息不对称程度越低，代理成本越低；在表7.4的illiq一列的代理成本部分，illiq的系数显著为正值，表示股票非流动性对代理成本有显著的增加作用，由于

股票非流动性是股票流动性的反向指标,意味着股票流动性对代理成本有显著的降低作用,即公司股票流动性越强,公司信息不对称程度越低,代理成本越低;在表 7.4 的 kv 一列的代理成本部分,kv 的系数显著为正值,表示信息披露质量的反向指标对代理成本有显著的增强作用,表示信息披露质量本身对其代理成本有显著的降低作用,也就是说信息披露质量越高,公司信息不对称程度越低,代理成本就越低。

在本书的实证假设 7.2 中,我们曾分析,机构投资者持股通过对管理层的监督效应降低代理成本,随着机构投资者持股比例的增加,公司信息不对称程度及代理成本逐渐降低;如果股价信息含量可以通过降低信息不对称程度来降低代理成本,则股价信息含量在信息不对称程度高的时候对信息不对称程度及代理成本的降低作用显著,在信息不对称程度低的时候对信息不对称程度及代理成本的降低作用要弱于信息不对称程度高的情况,因此我们提出假设 7.2,机构投资者持股比例增加会削弱股价信息含量对信息不对称程度及代理成本的降低作用。公司股票流动性可以通过增加对管理层的激励作用来降低公司信息不对称程度及代理成本;如果股价信息含量可以通过降低信息不对称程度来降低代理成本,则股价信息含量在股票流动性高、信息不对称程度低的时候对信息不对称程度及代理成本的降低作用要弱于股票流动性低、信息不对称程度高的情况,即我们提出的假设 7.3,股票流动性的增加会削弱股价信息含量对信息不对称程度及代理成本的降低作用。公司信息披露质量可以直接降低公司信息不对称程度及代理成本;若股价信息含量可以降低信息不对称程度并最终降低代理成本,则股价信息含量在信息披露质量高的时候对信息不对称程度及代理成本的降低作用要弱于信息披露质量低的情况,即我们提出的假设 7.4,信息披露质量的增加会削弱股价信息含量对信息不对称程度及代理成本的降低作用。

表 7.5 是为了检验机构投资者持股、股票流动性和信息披露质量三者的增加是否会削弱股价信息含量对信息不对称程度及代理成本的降低作用。和表 7.4 一样,表 7.5 的 fund、illiq、kv 三列的公司价值部分是模型(7.13)分别对应于代理成本部分的 fund、illiq、kv 三项的实证结果,表 7.5 的 fund、illiq、kv 三列的公司价值部分所有变量的系数结果也和表 7.4 相同。表 7.5 的 fund 一列的代理成本部分对应于模型(7.18),结果显示股价信息含量的系数显著为负值,股价信息含量和机构投资者持股比例交乘项的系数显著为正值,表示机构投资者持股比例的增加会削弱股价信息含量对信息不对称程度及代理成本的降低作用,符合本章假设 7.2 的预期;表 7.5 的 illiq 一列的代理成本部分对应于模型(7.19),结果显示股价信息含量的系数显著为负值,其和 illiq 交乘项的系数显著为负值,由于 illiq 指标是股票流动性的反向指标,这个结果等同于"股价信息含量和股票流动性交乘项的系数显著为正值",因此股票流动性的增加会削弱股价信息含量对信息不对

称程度及代理成本的降低作用，同时符合本章假设 7.3 的预期；表 7.5 的 kv 一列的代理成本部分对应于模型（7.20），结果显示股价信息含量的系数显著为负值，股价信息含量和 kv 指标交乘项的系数显著为负值，由于 kv 指标是信息披露质量的反向指标，这个结果等同于"股价信息含量和信息披露质量交乘项的系数显著为正值"，因此信息披露质量的增加会削弱股价信息含量对信息不对称程度及代理成本的降低作用，同时符合本章假设 7.4 的预期。

通过表 7.4 和表 7.5 的实证结果和分析，可以认为股价信息含量可以通过降低公司信息不对称程度来降低公司代理成本。

7.4 稳健性分析

7.4.1 以特质波动率代替股价非同步性衡量股价信息含量

为了进一步证明 7.3.2 小节中第 1、第 2 部分实证结果的稳健性，即证明本章研究的股价信息含量对代理成本和公司价值的影响的实证结果不受衡量股价信息含量的指标左右，即实证结果不会由于更换股价信息含量指标而改变，选择特质波动率作为衡量股价信息含量的替代指标。

特质波动率是指相对于不可分散的系统性波动率而言，能够影响个股收益且可被分散的波动率（Campbell et al., 2001；Ang et al., 2006）。根据金融理论，股价应为公司未来现金流的现值，故未来现金流的波动率会对股价造成影响。进一步看，个股波动率（特质波动率）会受到现金流波动率的影响（Campbell et al., 2001），而现金流波动率与公司基本面变化息息相关。与此相似，根据现有研究，公司未来收益不确定性的增加、净资产收益率整体水平的减小及其波动率的增加、研发创新项目的投资规模、成长期权的变动情况等可以反映公司基本面信息的指标均与公司特质波动率相关（Chan et al., 2001；Vassalou and Apedjinou, 2005；Pástor and Veronesi, 2006；Wei and Zhang, 2006；Cao et al., 2008）。综上所述，特质波动率可以反映公司基本面信息，可以被用来衡量股价信息含量，即特质波动率越高，股价信息含量越高。

1. 特质波动率及其指标设定

本部分拟通过 Fama-French 三因子模型对相关个股的特质波动率进行衡量。具体而言，本章利用因子模型研究手段，对相关个股进行截面回归，考察在控制了 MKT、SMB 及 HML 三类经典因子后，收益率仍未被解释的残差部分，并将相关残差作为个股的特质波动率以进行后续研究。

回归方程如下：

$$R_{i,\tau} - r_{i,\tau} = \alpha_i + \beta_i(R_{m,\tau} - r_{f,\tau}) + s_i \text{SMB}_\tau + h_i \text{HML}_\tau + \varepsilon_{i,\tau} \quad (7.21)$$

其中，$R_{i,\tau}$ 为股票 i 在第 t 年第 τ 日的日度个股收益率；$r_{f,\tau}$ 为第 t 年第 τ 日的日度无风险收益率；$R_{m,\tau}$、SMB_τ 和 HML_τ 分别为第 t 年第 τ 日的日度市场组合收益率、基于公司规模的投资组合日度超额收益率和基于账面市值比的投资组合日度超额收益率；β_i、s_i 和 h_i 分别为股票收益对市场投资组合、基于公司规模的投资组合和基于账面市值比的投资组合三个因素的敏感系数；$\varepsilon_{i,\tau}$ 为回归所得残差。根据回归结果，第 i 只股票在第 t 月实现的月度特质波动率为

$$\text{IV}_{i,t} = \sqrt{T_{i,t}} \text{Std}(\varepsilon_{i,t}) \quad (7.22)$$

其中，$\text{Std}(\varepsilon_{i,t})$ 为回归所得残差 $\varepsilon_{i,t}$ 的标准差；$T_{i,t}$ 为股票 i 在第 t 年的收益率样本数量。

2. 实证结果

表 7.6 和表 7.7 分别是表 7.2 和表 7.5 的稳健性检验，即把表 7.2 和表 7.5 中用来衡量股价信息含量的股价非同步性全部替换成特质波动率，形成表 7.6 和表 7.7 [由于在表 7.2 中没有代理成本部分的 OLS 模型、固定效应模型、SFA 模型是有代理成本部分的 OLS 模型、固定效应模型、SFA 模型的参照，没有代理成本部分的 OLS 模型、固定效应模型、SFA 模型中没有衡量股价信息含量对代理成本及公司价值的影响，故没有代理成本部分的 OLS 模型、固定效应模型、SFA 模型的列（a）、列（c）、列（e）三列在表 7.2 中没有展示]。

表7.6 特质波动率替代股价非同步性的稳健性检验（一）

变量		OLS 模型	固定效应模型	SFA 模型
		整体	整体	整体
公司价值部分	size	−0.343 2*** (−89.94)	−0.498 3*** (−74.90)	−0.325 3*** (−89.10)
	ln（invt）	0.009 4*** (3.39)	0.002 5 (1.02)	0.010 4*** (3.80)

续表

变量		OLS 模型	固定效应模型	SFA 模型
		整体	整体	整体
公司价值部分	sgr	0.057 2*** (4.95)	0.055 0*** (6.34)	0.048 6*** (4.25)
	tang	−0.414 7*** (−10.09)	−0.388 0*** (−8.28)	−0.391 7*** (−9.63)
	tagr	0.114 5*** (8.00)	0.156 2*** (14.31)	0.100 8*** (7.12)
	roa	2.513 6*** (33.73)	2.250 5*** (33.24)	2.582 6*** (35.19)
	lev	−1.170 5*** (−56.69)	−0.660 4*** (−25.18)	−1.205 3*** (−58.70)
	截距项			7.939 7*** (93.38)
代理成本部分	IV	0.666 4*** (23.48)	0.356 5*** (15.76)	−1.535 7*** (−23.09)
	magstk	−0.079 0** (−2.50)	−0.309 6*** (−6.35)	0.088 7** (2.30)
	topone	0.001 4*** (6.47)	−0.000 6 (−1.53)	−0.001 7*** (−6.69)
	state	−0.060 9*** (−8.08)	−0.104 8*** (−6.10)	0.076 9*** (8.98)
	ln(pay)	0.103 6*** (19.48)	0.125 6*** (17.54)	−0.102 7*** (−16.28)
	dual	0.020 2** (2.37)	0.015 9* (1.71)	−0.020 6** (−2.05)
	idr	0.619 5*** (9.25)	0.091 8 (1.23)	−0.596 3*** (−7.50)
	board	0.010 8*** (5.18)	0.004 6* (1.69)	−0.012 6*** (−5.47)
	截距项	6.006 9*** (64.80)	9.173 5*** (56.44)	2.550 5*** (23.77)
	年度	控制	控制	控制
	N	21 128	21 128	21 128

*、**、***分别表示 10%、5%及 1%的显著性水平

注：括号内为 t 值

表7.7 特质波动率替代股价非同步性的稳健性检验（二）

SFA 模型

	变量	fund	illiq	kv
公司价值部分	size	−0.340 0*** (−89.45)	−0.331 3*** (−89.46)	−0.331 7*** (−88.25)
	ln（invt）	−0.002 00 (−0.76)	0.011 1*** (4.07)	0.011 5*** (4.19)
	sgr	0.040 3*** (3.63)	0.047 2*** (4.13)	0.048 8*** (4.25)
	tang	−0.352 8*** (−8.91)	−0.381 5*** (−9.39)	−0.388 2*** (−9.48)
	tagr	0.079 4*** (5.77)	0.102 1*** (7.22)	0.102 2*** (7.16)
	roa	2.077 4*** (28.26)	2.589 1*** (35.32)	2.638 0*** (35.69)
	lev	−1.166 2*** (−58.05)	−1.192 6*** (−58.10)	−1.203 2*** (−58.35)
	截距项	8.313 8*** (90.42)	8.071 1*** (93.80)	8.079 2*** (92.03)
代理成本部分	IV	−1.251 8*** (−21.07)	−1.458 6*** (−22.22)	−1.414 2*** (−19.99)
	fund	−0.023 4*** (−11.27)		
	IV×fund	0.023 4*** (3.88)		
	illiq		0.081 7*** (5.66)	
	IV×illiq		−0.077 2** (−2.43)	
	kv			0.268 2*** (4.48)
	IV×kv			−0.392 5* (−1.89)
	magstk	0.185 6*** (5.22)	0.074 6** (2.02)	0.051 8 (1.36)
	topone	−0.001 7*** (−7.32)	−0.001 8*** (−7.32)	−0.002 0*** (−7.86)

续表

<table>
<tr><th colspan="2">变量</th><th colspan="3">SFA 模型</th></tr>
<tr><td colspan="2"></td><td>fund</td><td>illiq</td><td>kv</td></tr>
<tr><td rowspan="12">代理成本部分</td><td rowspan="2">state</td><td>0.067 6***</td><td>0.075 1***</td><td>0.076 9***</td></tr>
<tr><td>(8.39)</td><td>(9.01)</td><td>(9.14)</td></tr>
<tr><td rowspan="2">ln(pay)</td><td>-0.074 0***</td><td>-0.099 3***</td><td>-0.098 8***</td></tr>
<tr><td>(-13.14)</td><td>(-16.19)</td><td>(-15.81)</td></tr>
<tr><td rowspan="2">dual</td><td>-0.023 7**</td><td>-0.019 7**</td><td>-0.021 0**</td></tr>
<tr><td>(-2.55)</td><td>(-2.02)</td><td>(-2.14)</td></tr>
<tr><td rowspan="2">idr</td><td>-0.605 3***</td><td>-0.593 0***</td><td>-0.567 1***</td></tr>
<tr><td>(-8.36)</td><td>(-7.65)</td><td>(-7.23)</td></tr>
<tr><td rowspan="2">board</td><td>-0.009 5***</td><td>-0.012 7***</td><td>-0.012 7***</td></tr>
<tr><td>(-4.35)</td><td>(-5.66)</td><td>(-5.62)</td></tr>
<tr><td rowspan="2">截距项</td><td>2.292 2***</td><td>2.473 6***</td><td>2.427 5***</td></tr>
<tr><td>(25.09)</td><td>(23.42)</td><td>(22.16)</td></tr>
<tr><td colspan="2">年度</td><td>控制</td><td>控制</td><td>控制</td></tr>
<tr><td colspan="2">N</td><td>21 128</td><td>21 128</td><td>20 889</td></tr>
<tr><td colspan="2">对数似然值</td><td>-12 397.933</td><td>-12 981.018</td><td>-12 853.243</td></tr>
</table>

*、**、***分别表示10%、5%及1%的显著性水平

注：括号内为 t 值

表 7.6 是表 7.2 的稳健性检验。在表 7.6 中，我们可以看到，在模型的三列公司价值部分，均为公司规模（size）、固定资产比率（tang）和财务杠杆（lev）对公司价值有显著的负向影响，即公司规模、固定资产比率和财务杠杆越大，公司价值越小；公司投资[ln(invt)]、主营业务收入增长率（sgr）、总资产增长率（tagr）和总资产收益率（roa）对公司价值有显著的正向影响，即公司投资、主营业务收入增长率、总资产增长率和总资产收益率越大，公司价值越大。这一结果和表 7.2 一致。在 OLS 模型一列和固定效应模型一列的代理成本部分，特质波动率前的系数表示特质波动率代表的股价信息含量对公司价值的影响，结果显示 OLS 模型一列和固定效应模型一列的特质波动率前的系数均显著为正值，表示股价信息含量的增加可以显著增加公司价值，即股价信息含量越高，公司价值越高。这一结果也和表 7.2 一致。在 SFA 模型一列的代理成本部分，特质波动率的系数代表的是股价信息含量对代理成本的影响，该系数显著为负值，这一结果表示股价信息含量可以显著降低公司代理成本并增加公司价值，和表 7.2 一致。因此，表 7.6 的整体结果与表 7.2 一致，即表 7.6 中用特质波动率衡量的股价信息含量可以降低公司代理成本并增加公司价值，可以认为在表 7.6 的进一步检验中，股价信息含量可以降低公司代理成本并增加公司价值的结论更加稳健。

表 7.7 是表 7.5 的稳健性检验。在表 7.7 中，我们可以看到，fund、illiq、kv 三列的公司价值部分的变量系数结果与表 7.5 基本一致。在 fund 一列的代理成本部分，实证结果显示，以特质波动率衡量的股价信息含量的系数显著为负值，以特质波动率衡量的股价信息含量与机构投资者持股比例（fund）的交乘项的系数显著为正值，这一结果表示机构投资者持股比例的增加会削弱股价信息含量降低公司代理成本及增加公司价值的作用，与表 7.5 的结果一致。在 illiq 一列的代理成本部分，实证结果显示，以特质波动率衡量的股价信息含量的系数显著为负值，以特质波动率衡量的股价信息含量与股票流动性的反向指标（illiq）的交乘项的系数显著为负值，等同于"以特质波动率衡量的股价信息含量与股票流动性的交乘项的系数显著为正值"，这一结果表示股票流动性的增加会削弱股价信息含量降低公司代理成本及增加公司价值的作用，与表 7.5 的结果一致。在 kv 一列的代理成本部分，实证结果显示，以特质波动率衡量的股价信息含量的系数显著为负值，以特质波动率衡量的股价信息含量与信息披露质量的反向指标 kv 的交乘项的系数显著为负值，等同于"以特质波动率衡量的股价信息含量与信息披露质量的交乘项的系数显著为正值"，这一结果表示信息披露质量的增加会削弱股价信息含量降低公司代理成本及增加公司价值的作用，与表 7.5 的结果一致。机构投资者持股比例高、股票流动性高、信息披露质量高均会降低公司信息不对称程度及代理成本，如果股价信息含量通过降低信息不对称程度来降低代理成本，那么在机构投资者持股比例高、股票流动性高、信息披露质量高的情况下，公司信息不对称程度较低，股价信息含量对信息不对称程度及代理成本的降低作用相对于机构投资者持股比例低、股票流动性低、信息披露质量低的情况下会削弱。表 7.7 的实证结果在表 7.2 的基础上进一步检验了前文的核心论点：股价信息含量通过降低信息不对称程度来降低代理成本及增加公司价值。可以认为在表 7.7 的进一步检验中，股价信息含量通过降低信息不对称程度来降低代理成本及增加公司价值这一结论更加稳健。

7.4.2　PSM 模型检验

考虑到股价信息含量与代理成本之间存在的内生性问题，代理成本低的公司的信息披露制度及对高管的监督和激励机制都相对运行得更好，因此代理成本低的公司的股价信息含量就高，即公司代理成本低和股价信息含量高具有互为因果的内生性问题。运用 PSM 模型，筛选出和高股价信息含量公司相仿的非高股价信息含量的公司，此时选出的非高股价信息含量公司没有受到公司本身代理成本的影响，可以有效解决内生性问题。

1. PSM 模型

PSM 模型的基本思想是比较同一个公司在股价信息含量高、股价信息含量低两种状态下的代理成本差异，既然是比较同一个公司在不同股价信息含量状态下的代理成本差异，我们便可以认为这种差异是股价信息含量不同造成的（Rosenbaum and Rubin，1985）。Rosenbaum 和 Rubin（1985）进一步提供了相关思路：如果能够找到与高股价信息含量公司"相仿的"低股价信息含量公司，就可以通过对比二者的代理成本差异来检验股价信息含量是否起到降低代理成本的作用。

找"相仿的"公司的过程即匹配的过程，在匹配之前，首先要对高股价信息含量和低股价信息含量有一个清晰的界定，将所有公司的股价信息含量排序，选择前 25% 的公司为高股价信息含量公司。

匹配过程是 PSM 方法的核心环节，其配对目的是成功匹配样本公司，使得被匹配公司除股价含量外在其余各个维度上的特征都尽量相同，参考袁知柱和鞠晓峰（2009）的研究结果，选择的匹配变量的名称与具体含义如表 7.8 所示。

表7.8 匹配变量的名称与具体含义

变量	含义	计算方法
bshare	公司是否发行 B 股	虚拟变量，如果公司发行 B 股则赋值为 1
topone	第一大股东持股比例	
topone2	第一大股东持股比例的平方	
guog	国有股比例	国有股股数/总股数
balance	股权制衡度	第二到第五大股东持股比例之和/第一大股东持股比例
idr	独立董事比例	独立董事人数/董事会总人数
dual	董事长与 CEO 是否两职合一	虚拟变量，是为 1，不是为 0
board	董事会规模	董事会总人数
magstk	高管持股比例	全部高管持股比例之和
gdm	年度内股东大会会议次数	
dsm	年度内董事会会议次数	
big4	是否由国际"四大"会计师事务所审计	虚拟变量，是为 1，不是为 0

PSM 模型采用 Logit 模型，对二元被解释变量（是否为高股价信息含量公

司)进行回归,考察回归所得各变量系数,并据此拟合各公司的倾向得分值(PS值),该分值体现了某个公司为高股价信息含量公司的概率大小。最终,便可根据 PS 值,对高股价信息含量公司和低股价信息含量公司进行配对。PS 值的计算过程如式(7.23)所示,其中 X 为各匹配变量,i 表示公司,t 表示年度,I 表示是否为高股价信息含量公司,高股价信息含量公司为 1,非高股价信息含量公司为 0。

$$\mathrm{PS}(X_{i,t}) = \mathrm{Pro}(I_{i,t}=1|X_{i,t}) = \frac{\exp(\beta X_{i,t})}{1+\exp(\beta X_{i,t})} \qquad (7.23)$$

理论上,完成配对后的高股价含量公司和低股价含量公司在各匹配变量上已不存在显著差别,剩下的唯一区别就是是否为高股价信息含量,即处理措施。参照 Becker 和 Ichino(2002)的方法,通过计算平均处理效应(ATT),如式(7.24)所示,也就是处理组(高股价信息含量公司)和控制组(匹配成功的低股价信息含量公司)在代理成本上的平均组件差异。

$$\mathrm{ATT} = 1/N^T \sum_{i \in T} Y_i^T - 1/N^T \sum_{j \in C} w_j Y_j^C \qquad (7.24)$$

其中,T 表示处理组(高股价信息含量公司);N^T 表示高股价信息含量公司数量;C 表示控制组(匹配成功的低股价信息含量公司);Y_i 和 Y_j 分别表示高股价信息含量公司和低股价信息公司的代理成本。我们将与高股价信息含量公司 i 匹配成功的低股价信息含量公司数量记为 N_i^C,式(7.24)中的权重 $w_j = \sum_i w_{i,j}$,其中 $w_{i,j} = 1/N_i^C$。

2. 实证结果

1)匹配效果检验

针对最终效果,从下述两个方面进行检验:其一,相关结果是否满足共同支撑假设;其二,相关结果是否满足平衡性假设。

(1)针对共同支撑假设,本章对匹配结果进行检验,考察高股价信息含量公司和低股价信息含量公司的 PS 值分布形态是否能够保持一定程度上的相近。图 7.2 和图 7.3 分别为两组样本 PS 值在匹配前后的核密度分布图,匹配前高股价信息含量公司 PS 值相较于低股价信息含量公司的分布重心更高;匹配后,低股价信息含量公司 PS 值的分布重心下移,与高股价信息含量公司的分布形态更加接近。可以认为,经匹配后,两者分布形态更为贴合,匹配过程较为理想,匹配过程能够在一定程度上满足共同支撑假设。

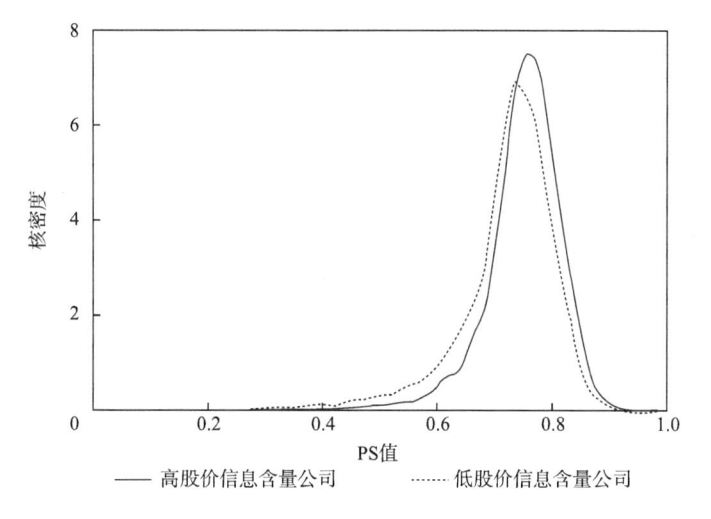

图 7.2 两组样本 PS 值匹配前核密度分布

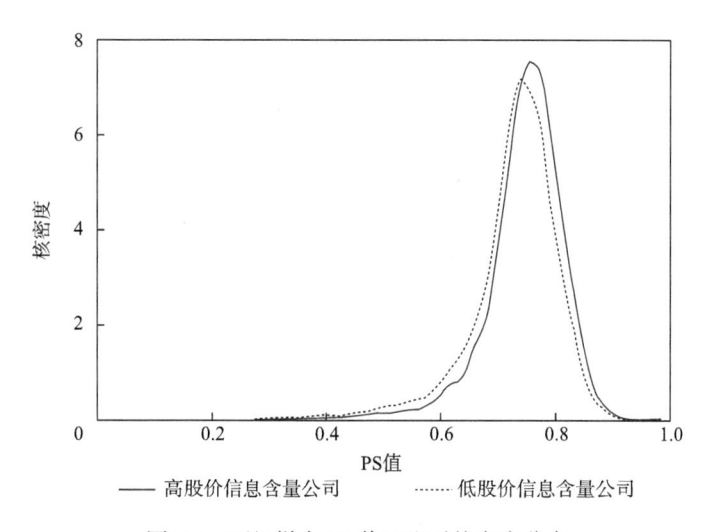

图 7.3 两组样本 PS 值匹配后核密度分布

（2）针对平衡性假设，对匹配变量进行检验，考察在完成匹配后，不同股价信息含量的公司是否在相关匹配变量上不存在显著差异，即相关匹配变量与股价信息含量不再具有解释力，两者间不存在显著的相关关系。通过标准化偏差和组间均值差异对上述假设进行检验。检验结果见表 7.9，相关变量的标准偏差均保持在 5%的水平内，且组间均值差异在 5%的显著性水平上均不显著，故可认为满足了平衡性假设。

表7.9 平衡性假设检验

匹配变量	高股价信息含量	低股价信息含量	标准偏差	T值	p>|t|
bshare	0.004 5	0.005 1	−0.6%	−0.83	0.407
topone	35.05	34.81	−10.0%	1.43	0.152
topone2	1 447.2	1 428.4	1.5%	1.41	0.157
guog	0.087 7	0.089 8	−1.2%	−1.05	0.295
balance	0.661 4	0.665 9	−0.8%	−0.64	0.521
idr	0.368 3	0.368 6	−0.6%	−0.50	0.615
dual	0.224 6	0.220 9	0.9%	0.78	0.433
board	8.823 1	8.799 5	1.3%	1.20	0.231
magstk	0.052 3	0.049 6	2.4%	1.99	0.050
gdm	3.167 5	3.134 9	1.9%	1.63	0.102
dsm	9.583 6	9.493 7	2.1%	1.92	0.055
big4	0.048 9	0.048 0	0.4%	0.37	0.709

2）平均处理效应

在完成有效匹配后，便可依据式（7.24）中的模型计算出处理组（高股价信息含量公司）与控制组（匹配成功的低股价信息含量公司）在代理成本上的平均组间差异，即平均处理效应。

参考熊家财和苏冬蔚（2016），本章用来进行组间差异检验的代理成本取自表7.2列（f）异质性SFA模型根据式（7.12）测算出的代理效率。公司代理效率是公司代理成本的反向指标，表7.10的结果显示，处理组（高股价信息含量公司）与控制组（匹配成功的低股价信息含量公司）在代理成本上的平均组间差异的T检验结果显著，表示在用PSM模型去除存在的内生性问题后，即在不存在发生代理成本反向影响股价信息含量的情况时，高股价信息含量公司和低股价信息含量公司的代理效率平均组间差异显著，高股价信息含量公司的代理效率显著高于低股价信息含量公司，即高股价信息含量公司的代理成本显著低于低股价信息含量公司。

表7.10 平均处理效应的结果

代理效率	处理	高股价信息含量	低股价信息含量	差异	T检验
AE[1]	ATT	0.958 2	0.924 9	0.033 2	61.85

1）AE：agency efficiency，机构效率

3）PSM 匹配后的 SFA 模型检验

表 7.11 为经过 PSM 匹配后，使用筛选出的高股价信息含量公司和匹配成功的低股价信息含量公司的数据，用 SFA 模型检验股价信息含量对公司代理成本及公司价值的作用（为了节省空间只列示代理成本部分结果，公司价值部分结果和上述所有 SFA 模型的结果一致），即做表 7.2 列（f）的检验。表 7.11 的实证结果显示，股价信息含量的系数显著为负值，表示在用 PSM 模型剔除反向内生性问题后，股价信息含量对公司代理成本依旧有显著的降低作用，股价信息含量可以降低公司代理成本并且增加公司价值。

表7.11 SFA模型检验

代理成本部分	回归系数
stocksyn	−0.149 2***
	(−17.87)
magstk	0.021 2
	(0.39)
topone	−0.001 6***
	(−4.54)
state	0.063 3***
	(5.35)
ln（pay）	−0.109 8***
	(−13.21)
dual	−0.022 6
	(−1.63)
idr	−0.599 0***
	(−5.82)
board	−0.012 9***
	(−4.16)
截距项	2.768 5***
	(19.43)
年度	控制
N	8 261
对数似然值	−5 021.797 9

***表示 1%的显著性水平

注：括号内为 t 值

7.5 本章小结

7.5.1 研究结论

股价信息含量是指股价中蕴含的上市公司特质信息的数量，股价信息含量从监督、激励、信息不对称三方面影响公司价值。Durnev 等（2004）认为富含信息的股价可以增加公司信息透明度，提高股东监督管理层的效率；杨继伟（2011）的研究结果显示，股价信息含量可以加强股东监督管理层对公司自有现金流过度投资的滥用行为。Holmström 和 Tirole（1993）指出股价包含了不能从现有短期和长期的数据计算出来的公司业绩信息，这些信息能更全面地评价经理人的努力水平，在实施适当的股权激励下，公司可以有效降低代理成本。Kang 和 Liu（2008）借鉴市场微观结构理论，认为股票的频繁交易使股价中有价值的公司信息增加，股价信息含量可以反映经理人的经营努力程度，公司据此改进薪酬合约，增加激励强度。Defond 和 Hung（2004）发现富含信息的股价能有效降低公司信息不对称程度。

股价信息含量的提升是否可以降低公司代理成本以提升公司价值？基于此本章提出了假设 7.1（股价信息含量可以降低上市公司的代理成本并增加公司价值）。为了检验假设 7.1，首先用 OLS 模型进行实证检验，结果显示股价信息含量对公司价值的影响正显著。为了使结果更加稳健，使用固定效应模型做上述检验，得到与 OLS 模型相同的实证结果。同时，以往的文献大多使用资产周转率、管理费用率或者在职消费等间接指标衡量代理成本，对代理成本的衡量并不十分准确，为了在技术层面取得更好的检验效果，选取异质性 SFA 模型作为研究股价信息含量对代理成本影响时的实证模型，SFA 模型的实证结果显示股价信息含量对代理成本的影响负显著，即股价信息含量可以显著降低公司代理成本及增加公司价值。基于 OLS 模型、固定效应模型、SFA 模型的实证检验结果，本章得出第一个主要结论：股价信息含量可以降低上市公司的代理成本并增加公司价值。

由于代理成本来源于股东（投资者）与管理层的信息不对称，而股价信息含量是股价中反映出公司特质信息的数量，于是在第一个结论的基础上，本章想研究股价信息含量如何降低代理成本，即降低公司信息不对称程度是否为股价信息含量降低公司代理成本的一种可能途径。

为了研究这一问题，本章在实证设计时选取了三个衡量公司信息不对称程度的指标,即机构投资者持股比例、股票流动性及信息披露质量。机构投资者凭借多方面的优势,增强对管理层的监督作用,降低双方之间的信息不对称程度,进而降低公司代理成本;股票流动性可以通过增强管理层薪酬业绩敏感性等机制影响代理成本;另有研究表明,提高信息披露质量能有效降低公司信息不对称程度,即信息披露质量越高,公司信息不对称程度越低(Welker,1995)。因此,机构投资者持股越多、股票流动性越高、信息披露质量越高,公司信息不对称程度就越低。若上述实现途径成立,则相对于公司信息不对称程度低的情况,股价信息含量在公司信息不对称程度高的情况下对公司信息不对称程度及代理成本的降低作用更强,即公司信息越透明,信息不对称程度越低,股价信息含量对公司信息不对称程度和代理成本的降低作用越弱。因此,在机构投资者持股越多、股票流动性越高、信息披露质量越高的情况下,股价信息含量对公司信息不对称程度及代理成本的降低作用越弱,即机构投资者持股比例、股票流动性和信息披露质量的增加会削弱股价信息含量对公司信息不对称程度及代理成本的降低作用。于是本章用 SFA 模型实证检验了假设 7.2~假设 7.4,实证结果显示,在 SFA 模型的代理成本部分加入股价信息含量、机构投资者持股比例及二者的交乘项时,股价信息含量的系数显著为负值,表示股价信息含量可以显著降低公司信息不对称程度及代理成本,交乘项的系数显著为正值,表示随着机构投资者持股比例增加,公司信息不对称程度降低,股价信息含量对公司信息不对称程度及代理成本的降低作用被削弱;在 SFA 模型的代理成本部分加入股价信息含量、股票流动性的反向指标 illiq 及二者的交乘项时,股价信息含量的系数显著为负值,表示股价信息含量可以显著降低公司信息不对称程度及代理成本,交乘项的系数显著为负值,表示随着股价非流动性增加,公司信息不对称程度增加,股价信息含量对公司信息不对称程度及代理成本的降低作用增强,由于 illiq 指标是股价流动性的反向指标,这一结果同时也表示随着股价流动性增加,公司信息不对称程度降低,股价信息含量对公司信息不对称程度及代理成本的降低作用减弱;在 SFA 模型的代理成本部分加入股价信息含量、信息披露质量的反向指标 kv 及二者的交乘项时,股价信息含量的系数显著为负值,表示股价信息含量可以显著降低公司信息不对称程度及代理成本,交乘项的系数显著为负值,表示随着信息披露质量的降低,公司信息不对称程度增加,股价信息含量对公司信息不对称程度及代理成本的降低作用增强,由于 kv 是信息披露质量的反向指标,这一结果同时也表示随着信息披露质量增加,公司信息不对称程度降低,股价信息含量对公司信息不对称程度及代理成本的降低作用减弱。基于上述实证设计和实证结果的研究分析,得出第二个主要结论:股价信息含量可以通过降低公司信息不对称程度来降低公司代理成本。

在稳健性检验方面,使用特质波动率作为替代变量,得到与股价非同步性衡量股价信息含量一致的实证结果。考虑到股价信息含量与代理成本之间存在互为因果的内生性问题，运用 PSM 模型，筛选出和高股价信息含量公司相仿的非高股价信息含量公司，此时选出的非高股价信息含量公司没有受到公司本身代理成本的影响，由此解决本书的内生性问题。

7.5.2 政策建议

股价信息含量的提升主要通过以下几种方式实现：①知情交易者将公司内部信息资本化反映在公司的股价中（Jensen and Meckling，1976）；②分析师跟踪研究挖掘出市场没有的部分特质信息并发布，使这部分信息反映在股价中（Schutte and Unlu，2009）；③公司信息披露质量的增加能够有效地将公司特质信息含量包含在公司股价波动中（Haggard et al.，2008）；④Morck 等（2000）发现发达国家的股价信息含量远高于发展中国家，因为发达国家更注重保护投资者权利，有助于风险套利者的套利活动并有效提高公司股价信息含量。

为了充分发挥股价信息含量对降低公司代理成本和提升公司价值的作用，本章提出如下政策建议：①政府部门应完善资本市场相关法律法规建设，引导风险套利活动的正常发展，为股价信息含量的提升建设良好的制度环境；②上市公司应加强股权结构优化和提高信息披露质量，促进投资者在挖掘利用公司特质信息的同时，以进一步强化监督机制和股权激励机制。

第 8 章　股价信息含量对融资约束的影响研究

8.1　理论分析与研究假说

融资约束是市场信息不对称引起的，研究表明有效改善金融生态环境、增加机构投资者参与和提高分析师质量等可以缓解融资约束。地区金融生态环境较发达的公司股价同步性更高，机构投资者和分析师可以通过改善公司环境来降低信息不对称程度，市场效率高的公司资源配置效率更高。

公司受到融资约束时，其外部融资渠道更加单一，融资量更少，因此更多地持有现金。超额现金持有水平反映了获得外部融资的难易程度，现金价值反映了融资约束的严重程度（甄红线和王谨乐，2016）。本章从现金价值角度出发，探索股价非同步性和融资约束的关系，并提出如下假设。

假设 8.1： 更高的股价非同步性通过降低现金持有的边际价值，进而缓解公司融资约束问题。

公司信息不透明意味着市场信息少，信息不对称程度高。融资约束来自信息不对称，公司融资约束越严重，改善空间就越大。融资约束越严重的公司，市场信息含量越少，股价中的信息也越少，股价非同步性增加的空间较大。当股价非同步性提高时，股价中的公司特质信息增多，缓解融资约束效果更佳。本章提出如下假设。

假设 8.2： 股价非同步性通过降低现金持有变动的边际市场价值来缓解融资约束，融资约束严重的公司表现更好。

8.2 研究设计

8.2.1 样本选择

本章选取 2007~2018 年沪深两市 A 股数据进行研究,其中财务数据均符合新会计制度准则,其中行业分类以证监会 2012 年修订的《上市公司行业分类指引》为标准。为避免异常值对结果的影响,我们对样本进行了以下处理:①剔除金融类公司;②剔除经营状态异常、资不抵债的公司;③剔除正处于 ST、*ST、SST、S*ST 和 S 的上市公司[①];④剔除交叉上市的公司;⑤删除年累计交易天数小于 130 天的公司;⑥删除没有连续 3 年数据的上市公司。为防止极端值对研究结果的影响,本章对样本中所有连续变量在 1%水平上进行了缩尾处理。本章数据全部来自国泰安 CSMAR 数据库。

8.2.2 变量选取

变量的定义和测度见表 8.1。

表8.1 变量的定义和测度

变量名称	变量符号	变量测度
Panel A:被解释变量		
融资约束	SA	先按托宾 Q 值和利息保障倍数对公司进行定性分析,再对 size 和 age、$size^2$ 进行排序逻辑回归,将因变量与其项系数相乘后加总
股票超额收益率	$r_{i,t} - R^B_{i,t}$	个股收益率与市值加权平均收益率之差
Panel B:主要解释变量		
现金持有	$C_{i,t}$	货币资金
股价非同步性	$NSYN_{i,t-1}$	个股收益率与市场收益率回归得到的 R^2 并进行对数调整

---

① *ST:公司经营连续 3 年亏损,退市预警;SST:公司经营连续 2 年亏损,特别处理,还没有完成股权分置改革;S*ST:公司经营连续 3 年亏损,退市预警,还没有完成股权分置改革;S:还没有完成股权分置改革。

续表

变量名称	变量符号	变量测度
Panel B：主要解释变量			
股价非同步性与现金持有变动交乘项	$NSYN_{i,t-1} \times C_{i,t}$	
Panel C：控制变量			
息税前利润	$E_{i,t}$	利润总额加财务费用
非现金资产	$NA_{i,t}$	总资产减去现金和现金等价物
财务费用	$I_{i,t}$	利息支出
投资支出	$inv_{i,t}$	购建固定资产、无形资产和其他长期资产支付的现金之和
公司负债	$L_{i,t}$	负债合计
Panel D：分组变量			
机构投资者持股比例	Fund	基金持股占公司股份比例
市场进程	S	参考王小鲁等（2019）编制指数，未报告的2018年数据由前3年平均增速确定
公司规模	Size	总资产的对数值
行业成熟度	New_ind	新兴行业变量取值为1；否则取值为0
Panel E：其他控制变量			
年度虚拟变量	time_dummy	二值变量
行业虚拟变量	ind_dummy	二值变量

1. 被解释变量

借鉴Daniel和Titman（1997）的方法，被解释变量 $r_{i,t} - R^B_{i,t}$ 为股票超额收益率。其中，$R^B_{i,t}$ 是用组内平均收益率替代的股票预期收益率。分组方法借鉴Faulkender和Wang（2006）的研究方法，将公司分别按总市值和托宾Q值排序并分成5组，构建25个样本组，各样本组内的公司规模和成长能力相近，可忽略规模效应对结果产生的影响。接下来计算每组的平均收益率，并将其作为该组中个股的基准收益率。

2. 解释变量

参考Durnev等（2003）的做法，本章使用市场模型构建股价非同步性指标：

$$r_{i,t} = \beta_0 + \beta_1 r_{m,i,t} + \beta_2 r_{m,i,t-1} + \varepsilon_{i,t} \tag{8.1}$$

式（8.1）使用的数据为日度数据，为防止个股对市场信息反映不足，将市场收益率的滞后一期也加入回归。式（8.1）中拟合优度 R^2 代表了个股收益率波动能被市场收益率波动和行业收益率波动的解释程度。为使 R^2 的峰度和偏度更贴近正态分布，更符合计量要求，本章按照常规做法对 R^2 进行对数化处理，由此得到股价非同步性变量 NSYN 如下：

$$\mathrm{NSYN}_{i,t} = \ln(1 - R^2 / R^2) \tag{8.2}$$

本章使用货币资金（$C_{i,t}$）代替现金和现金等价物。货币资金包括公司库存现金、银行结算户存款、外埠存款、银行汇票存款、银行本票存款、信用卡存款、信用证保证金存款等。$\Delta C_{i,t}$ 的计算方法为 t 年末的货币资金减去 $t-1$ 年末的货币资金，并采用 $t-1$ 年末的总市值进行标准化处理。

3. 控制变量

$E_{i,t}$ 用利润总额加财务费用计算，代表息税前利润。$NA_{i,t}$ 用总资产减去现金和现金等价物计算，代表非现金资产。$I_{i,t}$ 为利息支出，代表财务费用。$inv_{i,t}$ 代表投资支出，用购建固定资产、无形资产和其他长期资产支付的现金之和计算。$L_{i,t}$ 代表公司负债，用公司总债务度量。与解释变量 $\Delta C_{i,t}$ 一致，控制变量均用 $t-1$ 年末的总市值进行标准化处理。

time_dummy 为年度虚拟变量，ind_dummy 为行业虚拟变量。

8.2.3 模型设计

借鉴 Faulkender 和 Wang（2006）、甄红线和王谨乐（2016）的模型，研究公司因现金持有而产生的超额收益，即股东对公司持有的额外 1 单位现金所赋予的价值是多少。如果股东认为进入资本市场的困难有时会导致公司放弃创造价值的投资，那么 1 单位现金持有变动的边际市场价值可能超过 1 单位。相反，如果股东认为超额的现金持有会产生自由现金流问题，则现金持有变动的边际市场价值可能远低于 1 单位。本章采用如下模型研究富含信息的股价非同步性对融资约束的影响：

$$\begin{aligned} r_{i,t} - R^B_{i,t} = & \beta_0 + \beta_1 \Delta C_{i,t} + \beta_2 \Delta E_{i,t} + \beta_3 \Delta NA_{i,t} + \beta_4 \Delta I_{i,t} + \beta_5 \Delta inv_{i,t} \\ & + \beta_6 NSYN_{i,t-1} + \beta_7 C_{i,t-1} + \beta_8 L_{i,t} + \sum time\_dummy \\ & + \sum ind\_dummy + \varepsilon_{i,t} \end{aligned} \tag{8.3}$$

$$\begin{aligned} r_{i,t} - R^B_{i,t} = & \beta_0 + \beta_1 \Delta C_{i,t} + \beta_2 \Delta E_{i,t} + \beta_3 \Delta NA_{i,t} + \beta_4 \Delta I_{i,t} + \beta_5 \Delta inv_{i,t} \\ & + \beta_6 NSYN_{i,t-1} + \beta_7 C_{i,t-1} + \beta_8 L_{i,t} + \beta_9 NSYN_{i,t-1} \times \Delta C_{i,t} \\ & + \sum time\_dummy + \sum ind\_dummy + \varepsilon_{i,t} \end{aligned} \tag{8.4}$$

式（8.3）是基本模型，式（8.4）是加入交乘项后的主回归模型。

NSYN$_{i,t}$为股价非同步性，代表公司特质信息的数量。为体现股价非同步性对现金持有变动的边际市场价值影响的先后顺序与因果关系，模型中的股价非同步性均取滞后一期。$\Delta C_{i,t}$代表持有现金及现金等价物的变动情况，其系数β_1表示现金持有变动的边际市场价值。交乘项NSYN$_{i,t-1} \times \Delta C_{i,t}$的系数$\beta_9$表示股价同步性变动对现金持有变动的边际市场价值的影响。

8.3 实证检验

8.3.1 描述性统计

表8.2展示了主要回归变量的描述性统计分析，其中，NSYN的均值为0.4890，符合林忠国等（2012）的研究，$L_{i,t}$与甄红线和王谨乐（2016）的结果相似。

表8.2 主要回归变量的描述性统计（N=19 243）

变量	均值	中位数	标准差	最小值	最大值
$r_{i,t}-R^B_{i,t}$	−0.005 9	−0.041 1	0.398 0	−1.069 0	1.456 0
$\Delta C_{i,t}$	0.018 7	0.004 5	0.088 1	−0.197 0	0.442 0
$C_{i,t-1}$	0.132 0	0.090 7	0.128 0	0.003 0	0.680 0
$\Delta E_{i,t}$	0.009 0	0.004 4	0.051 6	−0.158 0	0.259 0
$\Delta NA_{i,t}$	0.118 0	0.053 8	0.244 0	−0.306 0	1.460 0
$\Delta I_{i,t}$	0.001 4	0.000 5	0.007 6	−0.023 6	0.036 7
$\Delta inv_{i,t}$	0.003 0	0.000 2	0.043 4	−0.152 0	0.200 0
$L_{i,t}$	0.521 0	0.266 0	0.688 0	0.010 9	3.818 0
NSYN$_{i,t-1}$	0.489 0	0.417 0	0.796 0	−1.105 0	2.970 0

8.3.2 相关性分析

我们计算了主要变量的方差膨胀系数（variance inflation factor，VIF），结果如表8.3所示。结果表明各变量之间的相关系数均处于较低水平，可以不考虑多重共线性对回归结果的影响。

表8.3　主要变量的方差膨胀系数

变量	VIF	1/VIF
$NA_{i,t}$	5.51	0.181 488
$E_{i,t}$	3.12	0.320 513
$I_{i,t}$	2.44	0.409 836
$L_{i,t}$	2.17	0.460 829
$C_{i,t-1}$	1.94	0.515 464
$inv_{i,t}$	1.86	0.537 634
$\Delta C_{i,t}$	1.14	0.877 193
$NSYN_{i,t-1}$	1.01	0.990 099
平均 VIF	2.40	

8.3.3　回归分析

表 8.4 展示了全样本主回归结果。其中，列（1）和列（2）为基本模型各解释变量的系数，列（3）和列（4）展示了在基本模型中加入交乘项后的结果。每次回归均考虑行业丛聚效应。结果显示基本模型和主回归模型共同解释变量的系数及显著性基本一致，主回归模型中新加入交乘项的系数显著为负值。结果表明股价非同步性能够降低超额现金持有变动的边际市场价值，符合本章上述预期，假设 8.1 成立。以列（3）为例，$\Delta C_{i,t}$ 的系数表示增加 1 单位现金持有的边际市场价值约为 0.57 单位。列（1）和列（3）使用混合 OLS 模型进行估计，列（2）和列（4）使用面板固定效应模型（Panel_Fe）进行估计。表 8.4 显示这两种不同的模型估计效果基本一致。选取固定效应模型（Panel_Fe）作为本章主要研究模型。$\Delta C_{i,t}$ 显著为正值，与甄红线和王谨乐（2016）的实证结论一致；$L_{i,t}$ 显著为负值，与 Faulkender 和 Wang（2006）的回归结果一致。

表8.4　全样本主回归结果

变量	基本模型		主回归模型	
	（1）OLS	（2）Panel_Fe	（3）OLS	（4）Panel_Fe
截距项	−0.123 35***	−0.107 96**	−0.125 54***	−0.110 01**
	（−2.99）	（−2.71）	（−3.05）	（−2.75）
$\Delta C_{i,t}$	0.494 63***	0.694 65***	0.567 14***	0.754 23***
	（9.69）	（9.65）	（10.13）	（9.97）
$\Delta E_{i,t}$	1.364 81***	1.265 85***	1.374 30***	1.273 38***
	（16.59）	（15.61）	（16.27）	（15.34）

续表

变量	基本模型		主回归模型	
	(1) OLS	(2) Panel_Fe	(3) OLS	(4) Panel_Fe
$\Delta NA_{i,t}$	0.206 74***	0.174 99***	0.213 24***	0.180 70***
	(5.56)	(5.22)	(5.77)	(5.39)
$\Delta I_{i,t}$	−0.764 84	−0.606 37	−0.761 83	−0.607 00
	(−1.24)	(−1.00)	(−1.24)	(−1.00)
$\Delta \text{inv}_{i,t}$	−0.033 76	−0.089 38	−0.033 25	−0.087 66
	(−0.42)	(−1.36)	(−0.41)	(−1.33)
$NSYN_{i,t-1}$	−0.050 22***	−0.086 29***	−0.046 74***	−0.083 11***
	(−7.95)	(−9.32)	(−6.99)	(−8.85)
$C_{i,t-1}$	0.653 52***	1.128 24***	0.652 11***	1.128 69***
	(13.55)	(13.09)	(13.36)	(12.89)
$L_{i,t}$	−0.112 15***	−0.230 61***	−0.112 55***	−0.229 96***
	(−8.05)	(−13.06)	(−8.15)	(−13.16)
$NSYN_{i,t-1} \times \Delta C_{i,t}$			−0.158 68***	−0.130 06***
			(−4.91)	(−3.63)
年度	控制	控制	控制	控制
行业	控制	未控制	控制	未控制
行业聚类	控制	控制	控制	控制
N	19 243	19 243	19 243	19 243
R^2_adj	0.119 17	0.153 97	0.119 97	0.154 50
R^2_within		0.154 81		0.155 38

、*分别表示5%及1%的显著性水平

注：括号内为 t 值

有众多学者建立了直接衡量融资约束的指标，如 KZ 指标、ZFC 指标、WW 指标、SA 指标，还有发达资本市场国家经常使用的股利支付率、商业票据评级、债券评级等。由于很多变量和财务指标过于相关或仅适用于发达资本市场国家，本章选用 SA 指标，即将公司进行融资约束定性分类，再对公司规模及其二次项、公司年龄进行排序逻辑回归得到较为可靠的融资约束指标。参考 Hadlock 和 Pierce （2010）的研究，先按上市公司的成长能力和利息保障倍数将上市公司的融资约束分为五个等级，再对公司规模及其二次项、公司年龄进行排序逻辑回归，最后将因变量与各项系数相乘后加总，得到 SA 指数。参考 Hadlock 和 Pierce（2010）的研究，构建融资约束指标 SA 如下：

$$SA = \alpha_0 + \alpha_1 \text{Size}_{i,t} + \alpha_2 \text{Size}^2_{i,t} + \alpha_3 \text{Age}_i + \varepsilon_{i,t} \quad (8.5)$$

接下来，将样本按融资约束指标 SA 值分为三组[①]，将 SA 值最高的定义为高融资约束组，将 SA 值最低的定义为低融资约束组。分别对高融资约束组和低融资约束组进行回归。表 8.5 展示了按融资约束分组后的结果。可以看出，无论使用混合 OLS 模型回归还是面板固定效应模型回归，股价非同步性均在高融资约束组中缓解融资约束的效果好，在低融资约束组中缓解效果不显著。

表8.5 按融资约束分组后的回归结果

变量	OLS 低	OLS 高	Panel_Fe 低	Panel_Fe 高
截距项	−0.110 48**	−0.104 56*	−0.109 56**	−0.117 36***
	(−2.04)	(−1.86)	(−2.36)	(−2.84)
$\Delta C_{i,t}$	1.131 81***	0.512 71***	1.579 80***	0.704 81***
	(7.79)	(9.11)	(9.06)	(11.95)
$\Delta E_{i,t}$	1.249 87***	1.450 05***	1.076 44***	1.270 63***
	(6.92)	(14.26)	(6.02)	(12.41)
$\Delta NA_{i,t}$	0.581 53***	0.178 89***	0.500 58***	0.160 55***
	(8.32)	(8.08)	(6.40)	(6.37)
$\Delta I_{i,t}$	−4.760 98***	−0.614 77	−4.555 58**	−0.420 86
	(−2.83)	(−1.11)	(−2.50)	(−0.74)
$\Delta inv_{i,t}$	−0.243 20	−0.030 93	−0.204 44	−0.072 01
	(−1.10)	(−0.31)	(−0.89)	(−0.71)
$NSYN_{i,t-1}$	−0.039 06***	−0.046 56***	−0.108 27***	−0.057 48***
	(−5.15)	(−5.94)	(−10.02)	(−5.66)
$C_{i,t-1}$	0.949 58***	0.567 39***	1.683 12***	1.001 53***
	(11.23)	(13.02)	(12.29)	(15.01)
$L_{i,t}$	0.064 41***	−0.102 31***	−0.272 38***	−0.221 53***
	(3.49)	(−13.46)	(−4.45)	(−17.10)
$NSYN_{i,t-1} \times \Delta C_{i,t}$	−0.145 76	−0.217 12***	−0.196 94	−0.196 18***
	(−1.04)	(−3.90)	(−1.29)	(−3.17)
年度	控制	控制	控制	控制
行业	控制	控制	控制	控制
行业聚类	控制	控制	控制	控制
N	6 410	6 414	6 410	6 414
R^2_adj	0.095 13	0.177 95	0.128 63	0.218 18

*、**、***分别表示 10%、5%及 1%的显著性水平

注：括号内为 t 值

[①] 中间的一组未采用，本次只选用最高和最低的两组。

8.4 稳健性分析

8.4.1 替换现金持有变动指标的稳健性检验

1. 以平均现金持有水平为基准的现金持有变动指标

前文模型中现金持有的变动是当期现金持有量和上期现金持有量的差值。借鉴 Faulkender 和 Wang（2006）的研究方法，将每个年度的样本分别按市值和托宾 Q 值排序，各分成 5 组，排列组合后得到 25 个样本组，再分别计算每组的平均现金持有水平，并将其作为各组的基准现金持有水平。定义 $\Delta C1_{i,t}$ 为个股 i 的现金持有水平减去 i 公司所在组中的基准现金持有水平的值。从表 8.6 可以看出，使用 OLS 模型回归和 Panel_Fe 模型回归方法的结果中，交乘项的系数分别是 -0.191 63 和 -0.194 82，均通过 1% 显著性水平检验。

表8.6 替换现金持有变量后的主回归结果（一）

变量	基本模型		主回归模型	
	（1）OLS	（2）Panel_Fe	（3）OLS	（4）Panel_Fe
截距项	-0.107 94**	-0.086 61**	-0.110 18**	-0.089 43**
	（-2.67）	（-2.26）	（-2.72）	（-2.32）
$\Delta C_{i,t}$	0.567 06***	0.766 30***	0.655 45***	0.856 51***
	（10.07）	（10.43）	（10.56）	（11.05）
$\Delta E_{i,t}$	1.346 70***	1.244 65***	1.356 76***	1.254 08***
	（16.36）	（15.43）	（16.05）	（15.16）
$\Delta NA_{i,t}$	0.205 73***	0.176 40***	0.214 18***	0.185 94***
	（5.46）	（5.16）	（5.73）	（5.44）
$\Delta I_{i,t}$	-0.810 27	-0.634 95	-0.842 94	-0.670 86
	（-1.32）	（-1.05）	（-1.38）	（-1.12）
$\Delta inv_{i,t}$	-0.037 42	-0.099 64	-0.038 52	-0.099 81
	（-0.46）	（-1.50）	（-0.47）	（-1.49）
$NSYN_{i,t-1}$	-0.051 17***	-0.086 83***	-0.050 34***	-0.085 85***
	（-8.30）	（-9.45）	（-7.91）	（-9.29）
$C_{i,t-1}$	0.671 32***	1.154 61***	0.670 09***	1.156 29***
	（13.84）	（13.57）	（13.61）	（13.27）

续表

变量	基本模型		主回归模型	
	（1）OLS	（2）Panel_Fe	（3）OLS	（4）Panel_Fe
$L_{i,t}$	−0.106 75***	−0.228 18***	−0.107 28***	−0.227 99***
	（−7.71）	（−13.20）	（−7.86）	（−13.39）
$NSYN_{i,t-1} \times \Delta C_{i,t}$			−0.191 63***	−0.194 82***
			（−4.83）	（−4.59）
年度	控制	控制	控制	控制
行业	控制	未控制	控制	未控制
行业聚类	控制	控制	控制	控制
N	19 243	19 243	19 243	19 243
R^2_adj	0.122 00	0.157 51	0.123 10	0.158 67
R^2_winth		0.158 34		0.159 54

、*分别表示 5%及 1%的显著性水平

注：括号内为 t 值

2. 未预期现金持有变动指标

实际现金持有变动还可以用未预期现金持有变动替代。参考 Almeida 等（2004）的两种计算未预期现金持有变动的方法，构造现金持有变动的替代变量。

$$\Delta CashHoldings_{i,t} = \alpha_0 + \alpha_1 CashFlow_{i,t-1} + \alpha_2 Q_{i,t-1} + \alpha_3 Size_{i,t-1} + \varepsilon_{i,t} \quad (8.6)$$

式（8.6）中，$CashHoldings_{i,t}$ 仍代表使用总市值进行标准化后的货币资金，定义 $CashFlow_{i,t-1}$ 为息税前利润与总资产的比率，考虑公司长期成长机会对现金持有的影响，在式（8.6）中加入账面市值比 Q。定义残差为 $\Delta C2_{i,t}$，代表未预期现金持有变动。将 $\Delta C2_{i,t}$ 替换前文中的 $\Delta C_{i,t}$ 进行回归，结果展示在表 8.7 中。使用 OLS 模型回归得到交乘项 $NSYN_{i,t-1} \times \Delta C2_{i,t}$ 的系数为−0.107 5，使用固定效应模型回归后得到交乘项 $NSYN_{i,t-1} \times \Delta C2_{i,t}$ 的系数为−0.138 5，两者均通过 1%显著性水平检验，仍支持前文假设。

表8.7 使用未预期现金持有变动的主回归结果

变量	基本模型		主回归模型	
	（1）OLS	（2）Panel_Fe	（3）OLS	（4）Panel_Fe
截距项	−0.190 8***	0.145 5***	−0.195 7***	0.141 0***
	（−7.30）	（9.46）	（−7.51）	（9.31）
$\Delta C2_{i,t}$	0.200 1***	0.357 5***	0.309 2***	0.504 1***
	（4.55）	（5.96）	（9.21）	（12.97）

续表

变量	基本模型		主回归模型	
	(1) OLS	(2) Panel_Fe	(3) OLS	(4) Panel_Fe
$\Delta E_{i,t}$	1.255 6***	1.116 4***	1.245 5***	1.102 6***
	(15.93)	(14.45)	(15.90)	(14.40)
$\Delta NA_{i,t}$	0.194 2***	0.171 9***	0.193 8***	0.171 7***
	(10.68)	(8.78)	(10.93)	(9.05)
$\Delta I_{i,t}$	−1.497 5***	−0.889 7*	−1.420 1***	−0.793 4*
	(−3.28)	(−1.90)	(−3.13)	(−1.72)
$\Delta inv_{i,t}$	−0.108 7	−0.164 0**	−0.100 6	−0.151 8**
	(−1.43)	(−2.17)	(−1.33)	(−2.03)
$NSYN_{i,t-1}$	−0.057 7***	−0.101 5***	−0.057 2***	−0.099 5***
	(−12.11)	(−16.39)	(−12.04)	(−16.22)
$C_{i,t-1}$	0.594 2***	1.030 8***	0.597 8***	1.061 9***
	(17.60)	(19.95)	(17.53)	(21.68)
$L_{i,t}$	−0.099 0***	−0.221 3***	−0.102 2***	−0.222 9***
	(−16.07)	(−22.16)	(−16.63)	(−22.54)
$NSYN_{i,t-1} \times \Delta C2_{i,t}$			−0.107 5***	−0.138 5***
			(−5.00)	(−5.48)
年度	控制	控制	控制	控制
行业	控制	未控制	控制	未控制
N	15 984	15 984	15 984	15 984
R^2_adj	0.110 0	0.149 8	0.112 2	0.153 5

*、**、***分别表示10%、5%及1%的显著性水平
注：括号内为 t 值

3. 考虑特殊事项的现金持有变动指标

考虑特殊事项对公司现金持有的影响，在式（8.6）中加入投资支出（$inv_{i,t-1}$）、运营净资本的变动（$\Delta NWC_{i,t}$）和流动负债（$\Delta ShortDebt_{i,t}$）。定义残差为$\Delta C3_{i,t}$，代表未预期现金持有变动。

$$\Delta CashHoldings_{i,t} = \alpha_0 + \alpha_1 CashFlow_{i,t-1} + \alpha_2 Q_{i,t-1} + \alpha_3 Size_{i,t-1} + \alpha_4 Expenditures_{i,t-1} + \alpha_5 \Delta NWC_{i,t} + \alpha_6 \Delta ShortDebt_{i,t} + \varepsilon_{i,t}$$

(8.7)

将$\Delta C2_{i,t}$和$\Delta C3_{i,t}$分别替换前文中的$\Delta C_{i,t}$进行回归，结果展示在表8.8中。交乘项的系数仍然显著为负值，支持了前文假设。

表8.8　替换现金持有变量后的主回归结果（二）

变量	变量2（$\Delta C2_{i,t}$）(1) OLS	变量2（$\Delta C2_{i,t}$）(2) Panel_Fe	变量3（$\Delta C3_{i,t}$）(3) OLS	变量3（$\Delta C3_{i,t}$）(4) Panel_Fe
截距项	−0.217 98***	−0.228 53***	0.170 11***	0.167 03***
	(−5.48)	(−5.96)	(7.98)	(7.81)
$\Delta C2_{i,t}$	0.357 49***	0.504 07***		
	(5.27)	(9.73)		
$\Delta C3_{i,t}$			0.392 75***	0.467 90***
			(7.61)	(8.38)
$\Delta E_{i,t}$	1.116 43***	1.102 55***	1.090 44***	1.085 71***
	(16.27)	(15.18)	(16.03)	(16.66)
$\Delta NA_{i,t}$	0.171 95***	0.171 75***	0.189 00***	0.192 47***
	(5.60)	(5.74)	(5.33)	(5.54)
$\Delta I_{i,t}$	−0.889 67*	−0.793 41	−0.982 37	−0.960 82
	(−1.85)	(−1.68)	(−1.61)	(−1.65)
$\Delta inv_{i,t}$	−0.163 99***	−0.151 82**	−0.229 51***	−0.226 66***
	(−3.19)	(−2.85)	(−3.53)	(−3.46)
$NSYN_{i,t-1}$	−0.101 50***	−0.099 53***	−0.112 75***	−0.111 61***
	(−10.43)	(−10.28)	(−10.33)	(−10.23)
$C_{i,t-1}$	1.030 83***	1.061 90***	1.095 27***	1.112 92***
	(10.13)	(11.23)	(10.23)	(10.35)
$L_{i,t}$	−0.221 34***	−0.222 94***	−0.239 85***	−0.240 51***
	(−13.89)	(−14.79)	(−11.61)	(−12.04)
$NSYN_{i,t-1} \times \Delta C2_{i,t}$		−0.138 45***		
		(−9.31)		
$NSYN_{i,t-1} \times \Delta C3_{i,t}$				−0.092 89***
				(−3.00)
年度	控制	控制	控制	控制
行业	控制	未控制	控制	未控制
行业聚类	控制	控制	控制	控制
N	15 984	15 984	13 220	13 220
R^2_adj	0.149 81	0.153 46	0.153 90	0.155 12
R^2_within	0.150 77	0.154 47	0.154 98	0.156 27

*、**、***分别表示10%、5%及1%的显著性水平

注：括号内为t值

8.4.2 替换股价非同步性指标的稳健性检验

1. 考虑三因子模型的股价非同步性指标

借鉴 Faulkender 和 Wang（2006）的做法，在股价非同步性指标构建中加入三因子模型。股价非同步性替换变量 NSYN′定义如下：

$$r_{i,t} - R^{B}_{i,t} = \beta_0 + \beta_1 r_{m,i,t} + \beta_2 r_{m,i,t-1} + \beta_3 (r_{i,t} - r_{f,t}) + \beta_4 \text{SMB} + \beta_5 \text{HML} + \varepsilon_{i,t} \quad (8.8)$$

$$\text{NSYN}'_{i,t} = \ln[(1-R'^2)/R'^2] \quad (8.9)$$

表 8.9 展示了使用考虑三因子模型的股价非同步性指标的主回归结果。其中，$\text{NSYN}_{i,t-1} \times \Delta C_{i,t}$ 的系数至少在 5%水平上显著为负值，进一步支持了假设 8.1。

表8.9 使用考虑三因子模型的股价非同步性指标的主回归结果

变量	基本模型		主回归模型	
	（1）OLS	（2）Panel_Fe	（3）OLS	（4）Panel_Fe
截距项	−0.122 76***	−0.108 40**	−0.123 07***	−0.108 82**
	(−2.99)	(−2.69)	(−3.00)	(−2.69)
$\Delta C_{i,t}$	0.490 99***	0.691 75***	0.518 70***	0.714 39***
	(9.56)	(9.42)	(9.54)	(9.35)
$\Delta E_{i,t}$	1.367 12***	1.266 35***	1.374 43***	1.272 29***
	(16.80)	(16.08)	(16.44)	(15.81)
$\Delta \text{NA}_{i,t}$	0.210 17***	0.175 75***	0.215 44***	0.180 48***
	(5.51)	(5.15)	(5.61)	(5.24)
$\Delta I_{i,t}$	−0.671 32	−0.542 42	−0.673 59	−0.545 56
	(−1.09)	(−0.90)	(−1.10)	(−0.91)
$\Delta \text{inv}_{i,t}$	−0.031 82	−0.087 57	−0.031 07	−0.086 00
	(−0.39)	(−1.34)	(−0.38)	(−1.32)
$\text{NSYN}_{i,t-1}$	−0.070 44***	−0.108 58***	−0.066 93***	−0.105 43***
	(−8.56)	(−10.66)	(−7.88)	(−10.17)
$C_{i,t-1}$	0.640 94***	1.112 67***	0.639 10***	1.111 72***
	(13.37)	(13.02)	(13.35)	(12.87)
$L_{i,t}$	−0.113 09***	−0.229 73***	−0.113 35***	−0.229 40***
	(−8.03)	(−13.14)	(−8.12)	(−13.30)
$\text{NSYN}_{i,t-1} \times \Delta C_{i,t}$			−0.161 63***	−0.134 92**
			(−3.19)	(−2.63)
年度	控制	控制	控制	控制

续表

变量	基本模型		主回归模型	
	（1）OLS	（2）Panel_Fe	（3）OLS	（4）Panel_Fe
行业	控制	未控制	控制	未控制
行业聚类	控制	控制	控制	控制
N	19 238	19 238	19 238	19 238
R^2_adj	0.121 57	0.157 60	0.122 18	0.158 02
R^2_within		0.158 43		0.158 90

、*分别表示 5%及 1%的显著性水平

注：括号内为 t 值

2. 剔除行业信息的股价非同步性指标

$$r_{i,t} - R^B_{i,t} = \beta_0 + \beta_1 r_{m,i,t} + \beta_2 r_{\text{ind},t} + \varepsilon_{i,t} \qquad (8.10)$$

$$\text{NSYN}'_{i,t} = \ln\left[(1-R'^2)/R'^2\right] \qquad (8.11)$$

新得到的回归结果见表 8.10，结果表明在 5%显著性水平支持前文结论。

表8.10　使用剔除行业信息的股价非同步性指标的主回归结果

变量	模型（1）		模型（2）	
	（1）OLS	（2）Panel_Fe	（3）OLS	（4）Panel_Fe
截距项	−0.124 62***	−0.159 01***	−0.124 51***	−0.159 36***
	(−5.56)	(−7.14)	(−5.56)	(−7.16)
$\Delta C_{i,t}$	0.496 95***	0.703 85***	0.515 12***	0.719 72***
	(12.53)	(16.48)	(12.83)	(16.85)
$\Delta E_{i,t}$	1.403 62***	1.298 35***	1.410 68***	1.303 95***
	(18.84)	(16.51)	(18.94)	(16.57)
$\Delta \text{NA}_{i,t}$	0.208 32***	0.172 85***	0.211 52***	0.176 49***
	(12.31)	(8.86)	(12.48)	(9.02)
$\Delta I_{i,t}$	−0.422 94	−0.056 16	−0.426 31	−0.068 55
	(−0.90)	(−0.12)	(−0.91)	(−0.14)
$\Delta \text{inv}_{i,t}$	−0.052 08	−0.116 86	−0.050 77	−0.115 77
	(−0.68)	(−1.52)	(−0.67)	(−1.50)
$\text{NSYN}_{i,t-1}$	−0.026 94***	−0.053 94***	−0.025 06***	−0.052 21***
	(−8.29)	(−13.92)	(−7.68)	(−13.39)
$C_{i,t-1}$	0.645 08***	1.101 53***	0.644 19***	1.101 82***
	(22.36)	(24.52)	(22.33)	(24.53)
$L_{i,t}$	−0.105 33***	−0.223 20***	−0.105 88***	−0.222 94***
	(−22.23)	(−22.02)	(−22.32)	(−22.00)

续表

变量	模型（1）		模型（2）	
	（1）OLS	（2）Panel_Fe	（3）OLS	（4）Panel_Fe
$NSYN_{i,t-1} \times \Delta C_{i,t}$			−0.097 59**	−0.084 98**
			（−2.49）	（−2.03）
年度	控制	控制	控制	控制
行业	控制	未控制	控制	未控制
行业聚类	控制	控制	控制	控制
N	20 554	20 554	20 554	20 554
R^2_adj	0.112 94	0.145 73	0.113 30	0.146 00
R^2_within		0.146 52		0.146 83

、*分别表示5%及1%的显著性水平

注：括号内为t值

3. 剔除高管信息的股价非同步性指标

A股市场存在盈余公告效应（陆静，2011），上市公司每年都会披露一些公司特质信息，而管理者在发布公告之前就已经掌握了这部分信息。参考于丽峰等（2014）的做法，在剔除行业信息的基础上，从股价非同步性中剔除上市公司高管提前掌握的公告信息，用窗口期前后累计超额收益计算。接下来用股价非同步性对高管私人信息进行回归，将残差作为新的股价信息的代理变量。新得到的回归结果见表8.11，结果表明OLS模型在1%显著性水平上支持前文结论，固定效应模型在5%显著性水平上支持前文结论。

表8.11 使用剔除高管信息的股价非同步性指标的主回归结果

变量	模型（1）		模型（2）	
	（1）OLS	（2）Panel_Fe	（3）OLS	（4）Panel_Fe
截距项	−0.159 95***	−0.161 96***	−0.158 43***	−0.160 77***
	（−4.09）	（−3.87）	（−4.07）	（−3.85）
$\Delta C_{i,t}$	0.508 11***	0.721 02***	0.493 64***	0.707 46***
	（10.25）	（10.24）	（10.16）	（9.99）
$\Delta E_{i,t}$	1.398 26***	1.278 81***	1.404 52***	1.284 24***
	（15.02）	（13.91）	（14.93）	（13.82）
$\Delta NA_{i,t}$	0.203 93***	0.169 64***	0.208 20***	0.174 11***
	（5.21）	（4.77）	（5.35）	（4.91）
$\Delta I_{i,t}$	−0.642 41	−0.372 04	−0.644 69	−0.378 70
	（−1.04）	（−0.61）	（−1.04）	（−0.62）
$\Delta inv_{i,t}$	−0.037 01	−0.102 81	−0.039 17	−0.104 79
	（−0.46）	（−1.67）	（−0.49）	（−1.70）

续表

变量	模型（1）		模型（2）	
	（1）OLS	（2）Panel_Fe	（3）OLS	（4）Panel_Fe
$NSYN_{i,t-1}$	-0.076 40***	-0.072 67***	-0.072 70***	-0.069 05***
	(-8.38)	(-7.96)	(-7.80)	(-7.43)
$C_{i,t-1}$	0.682 56***	1.177 82***	0.680 98***	1.177 21***
	(14.31)	(14.06)	(14.27)	(13.89)
$L_{i,t}$	-0.112 54***	-0.229 29***	-0.112 80***	-0.229 34***
	(-7.62)	(-14.05)	(-7.71)	(-14.26)
$NSYN_{i,t-1} \times \Delta C_{i,t}$			-0.160 85***	-0.153 36**
			(-3.11)	(-2.50)
年度	控制	控制	控制	控制
行业	控制	未控制	控制	未控制
行业聚类	控制	控制	控制	控制
N	18 775	18 775	18 775	18 775
R^2_adj	0.121 34	0.150 46	0.121 80	0.150 89
R^2_within		0.151 32		0.151 80

、*分别表示5%及1%的显著性水平

注：括号内为 t 值

8.4.3 替换融资约束指标的稳健性检验

参考众多学者研究，直接运用 Hadlock 和 Pierce（2010）构造 SA 指标的参数来构建 SA2 指标，具体公式如下：

$$SA2 = -0.073\,7Size_{i,t} + 0.043Size^2_{i,t} - 0.04Age_i \quad (8.12)$$

使用 SA2 指标对全样本进行融资约束分组，回归结果见表 8.12。从表 8.12 的回归结果可以看出，无论是在 OLS 模型回归还是在 Panel_Fe 模型回归中，股价非同步性在受融资约束严重的公司缓解效果好。

表8.12 替换融资约束指标后的回归结果

变量	模型（1）		模型（2）	
	（1）OLS	（2）Panel_Fe	（1）OLS	（2）Panel_Fe
截距项	-0.234 59***	-0.110 89*	-0.213 32***	-0.112 57***
	(-4.99)	(-1.73)	(-4.62)	(-2.64)
$\Delta C_{i,t}$	1.134 57***	0.487 02***	1.526 66***	0.682 82***
	(8.31)	(8.51)	(9.29)	(11.22)

续表

变量	模型（1）		模型（2）	
	（1）OLS	（2）Panel_Fe	（1）OLS	（2）Panel_Fe
$\Delta E_{i,t}$	2.669 48***	1.598 35***	2.621 16***	1.414 70***
	（13.54）	（14.68）	（11.75）	（12.19）
$\Delta NA_{i,t}$	0.827 37***	0.196 48***	0.745 61***	0.165 18***
	（11.30）	（8.55）	（9.08）	（6.23）
$\Delta I_{i,t}$	−6.169 68***	−1.146 87**	−5.261 22***	−0.977 76*
	（−3.61）	（−2.06）	（−2.80）	（−1.69）
$\Delta inv_{i,t}$	−0.465 05**	−0.067 88	−0.435 16**	−0.093 99
	（−2.18）	（−0.65）	（−1.97）	（−0.88）
$NSYN_{i,t-1}$	−0.051 25***	−0.050 26***	−0.107 91***	−0.062 41***
	（−6.29）	（−5.89）	（−9.39）	（−5.52）
$C_{i,t-1}$	0.966 90***	0.558 67***	1.653 44***	1.028 28***
	（11.79）	（12.26）	（12.28）	（14.12）
$L_{i,t}$	−0.068 00***	−0.109 35***	−0.493 23***	−0.223 58***
	（−3.17）	（−13.88）	（−9.81）	（−16.58）
$NSYN_{i,t-1} \times \Delta C_{i,t}$	−0.143 69	−0.215 72***	−0.149 77	−0.182 90***
	（−0.99）	（−3.71）	（−0.95）	（−2.86）
年度	控制	控制	控制	控制
行业	控制	未控制	控制	未控制
行业聚类	控制	控制	控制	控制
N	16 789	16 789	16 789	16 789
R^2_adj	0.142 74	0.167 43	0.141 40	0.170 29
R^2_within		0.173 38		0.182 81

*、**、***分别表示 10%、5%及 1%的显著性水平
注：括号内为 t 值

8.4.4 考虑现金持有短期支出的稳健性分析

公司持有大量现金有时是为了保证未来的短期现金支出，参考杨兴全和张照南（2008）的研究，将下一期现金持有变动等变量加入模型，表 8.13 中的结果仍支持前文假设。

表8.13　考虑短期现金持有变动后的主回归结果

变量	模型（1）		模型（2）	
	（1）OLS	（2）Panel_Fe	（3）OLS	（4）Panel_Fe
截距项	−0.133 14***	−0.139 95***	−0.135 43***	−0.141 86***
	（−3.25）	（−3.60）	（−3.31）	（−3.61）
$\Delta C_{i,t}$	0.536 24***	0.847 23***	0.609 17***	0.915 17***
	（10.14）	（10.46）	（10.75）	（10.25）
$\Delta C_{i,t+1}$	0.216 12***	0.404 45***	0.212 67***	0.401 63***
	（4.69）	（6.19）	（4.63）	（6.24）
$\Delta E_{i,t}$	1.609 05***	1.492 20***	1.623 08***	1.504 67***
	（17.06）	（17.43）	（16.76）	（17.03）
$\Delta E_{i,t+1}$	0.710 14***	0.733 27***	0.716 92***	0.738 05***
	（9.90）	（9.43）	（10.13）	（9.54）
$\Delta NA_{i,t}$	0.225 73***	0.174 62***	0.232 89***	0.181 92***
	（5.75）	（4.79）	（5.94）	（4.97）
$\Delta NA_{i,t+1}$	−0.079 47***	−0.127 81***	−0.079 95***	−0.127 73***
	（−6.22）	（−12.99）	（−6.30）	（−12.90）
$\Delta I_{i,t}$	−0.840 46	−0.533 07	−0.830 36	−0.528 09
	（−1.16）	（−0.77）	（−1.15）	（−0.77）
$\Delta I_{i,t+1}$	−0.711 42**	−0.601 82**	−0.744 22***	−0.638 04**
	（−2.73）	（−2.31）	（−2.91）	（−2.44）
$\Delta inv_{i,t}$	−0.019 22	−0.065 22	−0.016 90	−0.062 59
	（−0.24）	（−1.06）	（−0.21）	（−1.01）
$\Delta inv_{i,t+1}$	0.196 17*	0.045 16	0.187 98*	0.038 93
	（1.89）	（0.46）	（1.78）	（0.39）
$NSYN_{i,t-1}$	−0.057 76***	−0.095 54***	−0.053 68***	−0.091 46***
	（−7.57）	（−9.08）	（−6.84）	（−8.68）
$C_{i,t-1}$	0.701 96***	1.309 72***	0.699 84***	1.308 43***
	（16.80）	（16.11）	（16.36）	（15.59）
$L_{i,t}$	−0.117 65***	−0.261 47***	−0.118 58***	−0.261 49***
	（−7.77）	（−11.82）	（−7.96）	（−11.98）
$NSYN_{i,t-1} \times \Delta C_{i,t}$			−0.174 78***	−0.164 44***
			（−4.96）	（−3.37）
年度	控制	控制	控制	控制
行业	控制	未控制	控制	未控制
行业聚类	控制	控制	控制	控制
N	15 984	15 984	15 984	15 984
R^2_adj	0.137 55	0.179 48	0.138 40	0.180 25
R^2_within		0.180 66		0.181 48

*、**、***分别表示10%、5%及1%的显著性水平

注：括号内为 t 值

8.4.5 更改时间频率的稳健性检验

使用周度数据重新计算股价非同步性指标,虽然样本数减少,但是周度数据不易受到微观市场结构的影响(Scholes and Williams,1977;游家兴,2008)。表 8.14 的回归结果仍支持了前文结论,即股价非同步性能够缓解融资约束。

表8.14 使用周度数据计算股价非同步性的主回归结果

变量	模型(1)		模型(2)	
	(1)OLS	(2)Panel_Fe	(3)OLS	(4)Panel_Fe
截距项	−0.144 78***	−0.146 48***	−0.145 93***	−0.147 89***
	(−3.39)	(−3.33)	(−3.42)	(−3.34)
$\Delta C_{i,t}$	0.490 44***	0.692 62***	0.540 46***	0.736 22***
	(9.64)	(9.76)	(9.36)	(9.86)
$\Delta E_{i,t}$	1.359 39***	1.250 36***	1.366 19***	1.255 80***
	(16.40)	(15.37)	(16.25)	(15.17)
$\Delta NA_{i,t}$	0.206 21***	0.174 22***	0.210 89***	0.178 58***
	(5.42)	(5.04)	(5.57)	(5.14)
$\Delta I_{i,t}$	−0.746 42	−0.576 59	−0.755 51	−0.586 50
	(−1.20)	(−0.94)	(−1.24)	(−0.96)
$\Delta inv_{i,t}$	−0.032 06	−0.092 63	−0.033 17	−0.092 39
	(−0.40)	(−1.40)	(−0.41)	(−1.39)
$NSYN_{i,t-1}$	−0.039 50***	−0.053 69***	−0.037 23***	−0.051 51***
	(−12.57)	(−11.93)	(−10.56)	(−11.91)
$C_{i,t-1}$	0.666 08***	1.155 71***	0.664 93***	1.156 01***
	(13.63)	(13.25)	(13.48)	(13.08)
$L_{i,t}$	−0.112 24***	−0.229 13***	−0.112 55***	−0.228 56***
	(−8.06)	(−13.34)	(−8.12)	(−13.33)
$NSYN_{i,t-1} \times \Delta C_{i,t}$			−0.107 34***	−0.092 71***
			(−3.46)	(−2.95)
年度	控制	控制	控制	控制
行业	控制	未控制	控制	未控制
行业聚类	控制	控制	控制	控制
N	19 235	19 235	19 235	19 235
R^2_adj	0.119 33	0.150 81	0.119 87	0.151 20
R^2_within		0.151 65		0.152 09

***表示 1%的显著性水平
注:括号内为 t 值

8.5 异质性分析

8.5.1 市场效率异质性

不同的机构投资者持股比例、公司规模、股票流动性及所在地区的市场化进程均可能影响到公司所面临的市场效率，本章从机构投资者持股比例、市场化进程指数及公司规模三个维度对信息效率进行度量。

机构投资者持股比例高的公司市场效率高。相对于个人投资者，机构投资者拥有的资金、信息渠道和学历都具有优势，其信息收集能力和信息解读能力更强，投资也更加理性，不存在"功能锁定"现象（Shleifer et al.，1992；孔东民等，2015a）。机构投资者已经成为中国股票市场的重要投资主体。作为市场上的重要参与者，机构投资者能够收集更多的非公开信息，缓解内部信息不对称情况，提高股票市场的定价效率（甄红线和王谨乐，2016）；作为公司外部监督的重要组成部分，机构投资者能够促进公司治理，提高公司信息透明度（王亚平等，2009）。在中国股票市场中，随着机构投资者持股比例的升高，公司股价受噪声影响的程度减小（徐广成等，2016），股价同步性与信息透明度之间的正相关关系会减弱（侯宇和叶冬艳，2008；王亚平等，2009）；机构投资者稳定了中国股票市场的整体波动性（祁斌等，2006）。有学者进一步研究发现，机构投资者持股比例较高的股价波动是信息资本化引起的，而机构投资者持股比例较低的股价波动是不确定性和噪声交易引起的，而处于中间状态的股价波动性较小（张永任和李晓渝，2010）。

外部治理环境好的公司信息效率更高。产权保护不足可能会减弱股票市场中知情者的交易动力（Morck et al.，2000）。本章选用地区市场化进程总指数衡量外部治理环境。市场化进程度高的地区的公司合同执行效率高，公司治理机制相对好，法律的监管力度大，公司信息披露更加规范，对投资者的保护程度也更高。市场化进程高的地区行业自治程度高，竞争相对公平，并且媒体对正面新闻和负面事件的报道在一定程度上起到监督公司治理的作用（杨兴全等，2014）。地区市场化进程指数高的地区，国有企业管理者薪酬对业绩的激励作用更明显（辛清泉和谭伟强，2009）。金融中介机构在市场化进程高的地方效率更高。因此，相比市场化进程低的地区，市场化进程高的地区外部治理环境更好，信息效率更高。

规模更大的公司信息效率更高。大规模公司为了达到实现公司价值、"信誉资本"增值、再融资最大化等目的,更倾向自愿披露信息来吸引外部投资者(张宗新等,2005)。出于声誉的考虑,大规模公司承担更多的社会责任,会主动披露更多非财务信息,如在可持续发展、员工福利等方面做出的努力。新闻媒体对大规模公司的报道更多,分析师的关注度也更高,他们均起到了外部监督作用,从而形成良性循环。受公司综合实力、声誉机制及信用担保体系的影响,大规模公司信息披露质量和信息公开程度普遍优于小规模公司。对于大规模公司,外部投资者获取信息的成本更低。因此,相比小规模公司,大规模公司的信息效率更强。

综合以上分析,相对于机构投资者持股比例低的公司,机构投资者持股比例高的公司市场效率高;相对于地区市场化进程低的公司,地区市场化进程高的公司市场效率更高;相对于小规模公司,大规模公司的信息效率更高。市场效率能影响分析师及外部投资者对公司特质信息的发掘、解读和运用。本章选取机构投资者持股比例、制度环境、公司规模作为市场效率的代理变量,探讨在不同的市场效率下股价非同步性对现金持有变动的边际市场价值的影响情况。

1. 使用机构投资者持股比例衡量市场效率

中国市场的众多机构投资者中,基金持股规模大,基金投资者专业化程度高,能够对市场信息做出准确的判断,决策能力强。基金经理对公司的实地访问将有可能收集到未发布的公司特质信息,更好地对公司的经营状况和治理状况进行评估(孔东民等,2015b)。基金持股对上市公司可以起到一定的外部监督作用。

因此,本章将基金持股比例作为机构投资者持股比例的代理变量。本章参考甄红线和王谨乐(2016)的做法,在每个会计年度末将各公司基金持股比例由低到高分成三组[①],基金持股比例最低的一组为市场效率低组,基金持股比例最高的一组为市场效率高组。使用固定效应模型,分组回归结果见表 8.15 列(3)和列(4)。与预期一致,在市场效率低组中 $\text{NSYN}_{i,t-1} \times \Delta C_{i,t}$ 的系数不显著,在市场效率高组中 $\text{NSYN}_{i,t-1} \times \Delta C_{i,t}$ 的系数为-0.235 87,在 5%的水平上显著为负值。这说明当使用机构投资者持股比例来度量市场效率时,股价非同步性在市场效率较高的市场中能够降低现金持有变动的边际市场价值,进而缓解融资约束。

表8.15 按机构投资者持股比例分组后的回归结果

变量	基本模型		主回归模型	
	(1)低	(2)高	(3)低	(4)高
截距项	−0.265 93***	−0.273 75***	−0.266 14***	−0.276 18***
	(−3.92)	(−3.00)	(−3.94)	(−3.05)

[①] 中间的一组未采用,本次只选用最高和最低的两组。

续表

变量	基本模型		主回归模型	
	（1）低	（2）高	（3）低	（4）高
$\Delta C_{i,t}$	0.523 25***	0.467 27***	0.534 80***	0.584 40***
	（7.47）	（6.68）	（7.23）	（7.66）
$\Delta E_{i,t}$	1.051 63***	2.434 66***	1.053 95***	2.427 20***
	（7.20）	（9.84）	（7.19）	（9.68）
$\Delta NA_{i,t}$	0.188 39***	0.330 65***	0.189 22***	0.340 06***
	（5.81）	（6.79）	（5.97）	（6.57）
$\Delta I_{i,t}$	−0.672 85	−1.716 91	−0.670 21	−1.745 81
	（−1.23）	（−1.46）	（−1.21）	（−1.46）
$\Delta inv_{i,t}$	−0.268 39**	−0.101 36	−0.267 36**	−0.090 43
	（−2.63）	（−1.03）	（−2.63）	（−0.91）
$NSYN_{i,t-1}$	−0.053 32***	−0.091 27***	−0.052 86***	−0.083 78***
	（−6.96）	（−5.26）	（−6.23）	（−4.31）
$C_{i,t-1}$	0.695 33***	0.932 76***	0.695 25***	0.934 60***
	（12.20）	（8.22）	（12.24）	（8.05）
$L_{i,t}$	−0.097 24***	−0.196 72***	−0.097 37***	−0.198 97***
	（−7.07）	（−8.37）	（−7.11）	（−8.45）
$NSYN_{i,t-1} \times \Delta C_{i,t}$			−0.028 74	−0.235 87**
			（−0.31）	（−2.73）
年度	控制	控制	控制	控制
行业	控制	控制	控制	控制
行业聚类	控制	控制	控制	控制
N	5 358	5 360	5 358	5 360
R^2_adj	0.116 09	0.186 36	0.115 96	0.187 62

、*分别表示 5%及 1%的显著性水平

注：括号内为 t 值

2. 使用地区市场化进程指数衡量市场效率

本章使用王小鲁等编制的 2007~2016 年《中国各省份市场化指数报告》中的市场化进程指数来衡量市场效率。鉴于文献中未报告 2017 年和 2018 年数据，本章借鉴杨兴全等（2014）的指数构建方法，用上年指数值加上过去三年相对于上年指数变化平均值填充缺失值。当公司所在地区的市场化进程指数高于平均值时，定义为 1，即市场效率高，否则为 0，即市场效率低。分组回归结果见表 8.16 列（3）和列（4）。与预期一致，在市场效率低组中 $NSYN_{i,t-1} \times \Delta C_{i,t}$ 的系数不显著，在市场效率高组中，$NSYN_{i,t-1} \times \Delta C_{i,t}$ 的系数在 1%的水平上显著为负值。这说明

当使用外部治理环境来度量市场效率时,股价非同步性在市场效率较高的市场中能够降低现金持有变动的边际市场价值,进而缓解融资约束。

表8.16 按外部治理环境分组后的回归结果

变量	基本模型		主回归模型	
	(1)低	(2)高	(3)低	(4)高
截距项	0.018 14	−0.182 12***	0.017 29	−0.183 30***
	(0.47)	(−3.56)	(0.44)	(−3.58)
$\Delta C_{i,t}$	0.480 29***	0.512 89***	0.495 88***	0.603 65***
	(5.80)	(9.69)	(4.75)	(9.13)
$\Delta E_{i,t}$	1.078 70***	1.486 16***	1.081 53***	1.495 68***
	(9.91)	(13.03)	(10.18)	(12.82)
$\Delta NA_{i,t}$	0.210 30***	0.210 67***	0.211 81***	0.218 52***
	(5.74)	(5.11)	(6.24)	(5.29)
$\Delta I_{i,t}$	−2.896 28***	−0.030 28	−2.885 26***	−0.051 80
	(−3.80)	(−0.04)	(−3.77)	(−0.08)
$\Delta inv_{i,t}$	−0.175 35	−0.018 53	−0.175 14	−0.018 45
	(−1.37)	(−0.17)	(−1.37)	(−0.17)
$NSYN_{i,t-1}$	−0.024 73*	−0.058 31***	−0.023 92*	−0.054 03***
	(−1.82)	(−10.44)	(−1.78)	(−8.91)
$C_{i,t-1}$	0.615 52***	0.670 20***	0.614 46***	0.669 74***
	(10.77)	(13.65)	(10.77)	(13.55)
$L_{i,t}$	−0.089 96***	−0.120 74***	−0.089 98***	−0.121 37***
	(−8.79)	(−8.64)	(−8.80)	(−8.83)
$NSYN_{i,t-1} \times \Delta C_{i,t}$			−0.033 47	−0.200 41***
			(−0.41)	(−3.14)
年度	控制	控制	控制	控制
行业	控制	控制	控制	控制
行业聚类	控制	控制	控制	控制
N	4 374	14 869	4 374	14 869
R^2_adj	0.124 56	0.128 22	0.124 40	0.129 47

*、***分别表示10%及1%的显著性水平
注:括号内为 t 值

3. 使用公司规模衡量市场效率

选取总资产的对数值作为公司规模的度量指标,在样本期的每一个会计年度末对公司规模由小到大进行排序,并分为三组①,将公司规模最小的一组定义为市场效率低组,将公司规模最大的一组定义为市场效率高组。将这两组样本分别进

---

① 中间的一组未采用,本次只选用最高和最低的两组。

行回归分析，结果见表 8.17 列（3）和列（4）。结果显示，在市场效率低组（小规模公司）中，交乘项 $\text{NSYN}_{i,t-1} \times \Delta C_{i,t}$ 的系数不显著，说明在市场效率低的市场中，股价非同步性对融资约束没有明显的缓解作用；而在市场效率高组（大规模公司）中，交乘项 $\text{NSYN}_{i,t-1} \times \Delta C_{i,t}$ 的系数显著为负值，说明当使用公司规模度量的市场效率时，股价非同步性在市场效率较高的市场能够降低现金持有变动的边际市场价值，缓解信息不对称，进而缓解融资约束。

表8.17　按规模分组后的回归结果

变量	基本模型 (1) 低	基本模型 (2) 高	主回归模型 (3) 低	主回归模型 (4) 高
截距项	−0.115 48*** （−3.30）	−0.125 87* （−1.90）	−0.114 91*** （−3.30）	−0.135 12* （−2.01）
$\Delta C_{i,t}$	1.150 67*** （11.51）	0.399 56*** （5.20）	1.227 81*** （8.72）	0.488 00*** （5.70）
$\Delta E_{i,t}$	1.200 46*** （9.63）	1.433 50*** （11.65）	1.204 24*** （9.59）	1.451 37*** （11.69）
$\Delta \text{NA}_{i,t}$	0.603 13*** （9.42）	0.178 16*** （5.12）	0.608 29*** （9.31）	0.187 68*** （5.52）
$\Delta I_{i,t}$	−4.938 58*** （−4.22）	−0.620 87 （−0.80）	−4.929 25*** （−4.25）	−0.635 97 （−0.84）
$\Delta \text{inv}_{i,t}$	−0.307 91 （−1.60）	−0.057 55 （−0.60）	−0.312 22 （−1.63）	−0.056 88 （−0.59）
$\text{NSYN}_{i,t-1}$	−0.039 31*** （−7.61）	−0.055 00*** （−3.75）	−0.038 74*** （−7.26）	−0.045 80*** （−2.97）
$C_{i,t-1}$	0.978 69*** （12.15）	0.590 14*** （18.24）	0.979 06*** （11.95）	0.589 73*** （17.67）
$L_{i,t}$	0.068 92*** （4.37）	−0.101 79*** （−6.59）	0.067 73*** （4.37）	−0.102 00*** （−6.75）
$\text{NSYN}_{i,t-1} \times \Delta C_{i,t}$			−0.148 65 （−1.38）	−0.211 61*** （−4.74）
年度	控制	控制	控制	控制
行业	控制	控制	控制	控制
行业聚类	控制	控制	控制	控制
N	6 410	6 414	6 410	6 414
R^2_adj	0.097 64	0.175 01	0.097 70	0.177 81

*、***分别表示10%及1%的显著性水平

注：括号内为 t 值

8.5.2 行业成熟度异质性

相较于新兴行业，传统行业的市场效率更高。相较于传统行业，新兴行业的上市公司数量少，整体信息量小，加之行业变化迅速，行业或公司规范不明确、不统一，造成给投资者的信息不充分、不完全等问题。新兴产业存在法制不规范、公司治理水平较低、产权保护不足等问题，易造成公司信息透明度低的问题。

除此之外，还有学者认为新兴行业的管理者对股价学习动机更强（陈康和刘琦，2018）。处于新兴行业的公司，其发展特征充满不确定性，行业现状变动迅速，使得管理者做决策时往往参考市场公开信息，更依赖投资者提供的外部信息，因此新兴行业的管理者更能从股价信息中捕捉公司特质信息。

本章以证监会 2012 年修订的《上市公司行业分类指引》为标准，借鉴陈康和刘琦（2018）的研究，按行业成熟度将样本分为新兴行业与传统行业。其中，新兴行业为计算机通信和其他电子设备制造行业、软件和信息技术服务行业、互联网和相关服务、医药制造行业；其余行业归为传统行业。分别对这两组样本进行回归分析，结果展示在表 8.18 中。在新兴行业组中，交乘项 $NSYN_{i,t-1} \times \Delta C_{i,t}$ 的系数不显著，而在传统行业组中，交乘项 $NSYN_{i,t-1} \times \Delta C_{i,t}$ 的系数在 1% 的水平上显著为负值，说明股价非同步性在传统行业中能够缓解融资约束。

表8.18 分行业成熟度的回归结果

变量	OLS 新兴行业	OLS 传统行业	Panel_Fe 新兴行业	Panel_Fe 传统行业
截距项	−0.298 06 （−2.00）	−0.091 78** （−2.65）	−0.320 08** （−2.42）	−0.041 62 （−1.00）
$\Delta C_{i,t}$	0.651 25* （3.14）	0.552 78*** （9.51）	0.660 48*** （3.20）	0.541 89*** （9.51）
$\Delta E_{i,t}$	1.553 24** （4.56）	1.327 63*** （12.71）	1.524 67*** （4.72）	1.343 71*** （13.50）
$\Delta NA_{i,t}$	0.412 58** （5.10）	0.190 48*** （5.93）	0.415 70*** （5.27）	0.195 17*** （6.18）

续表

变量	OLS		Panel_Fe	
	新兴行业	传统行业	新兴行业	传统行业
$\Delta I_{i,t}$	1.126 52	−0.922 22	1.165 33	−0.978 69
	（1.14）	（−1.56）	（1.24）	（−1.61）
$\Delta inv_{i,t}$	0.117 36	−0.062 40	0.105 38	−0.062 81
	（0.36）	（−0.69）	（0.32）	（−0.72）
$NSYN_{i,t-1}$	−0.054 79***	−0.044 13***	−0.057 31***	−0.047 52***
	（−32.66）	（−5.46）	（−19.42）	（−5.63）
$C_{i,t-1}$	0.721 53*	0.629 72***	0.741 85***	0.606 16***
	（4.18）	（10.79）	（4.06）	（9.08）
$L_{i,t}$	−0.114 71**	−0.112 17***	−0.117 64***	−0.105 62***
	（−4.76）	（−7.54）	（−4.80）	（−6.30）
$NSYN_{i,t-1} \times \Delta C_{i,t}$	0.052 19	−0.182 29***	0.058 89	−0.185 91***
	（0.62）	（−4.62）	（0.67）	（−4.85）
年度	控制	控制	控制	控制
行业	控制	控制	未控制	未控制
行业聚类	控制	控制	控制	控制
N	3 911	15 332	3 911	15 332
R^2_adj	0.144 09	0.123 79		
R^2_within			0.162 22	0.141 69

*、**、***分别表示10%、5%及1%的显著性水平

注：括号内为 t 值

8.5.3 企业股权性质异质性

参考甄红线和王谨乐（2016）的研究，将沪深两市上市公司分为国有企业和非国有企业，分别进行回归，结果展示在表 8.19 中。根据回归结果可以看到，无论是国有企业还是非国有企业，股价非同步性对现金持有变动的边际市场价值均为负向影响，显著性水平均为 1%。国有企业组的系数为−0.219 57，非国有企业组的系数为−0.148 25。接下来，对 $NSYN_{i,t-1} \times \Delta C_{i,t}$ 的系数 β_9 进行 suest 检验组间系数差异（结果显示卡方统计量值为 0.65，P 值为 0.419 3），结果表明两组间系数未有明显差异。这说明从现金持有价值的角度，股价非同步性的提升能缓解国有企业和非国有企业的融资约束。

表8.19 按企业股权性质异质性分组后的回归结果

变量	基本模型 国有企业	基本模型 非国有企业	主回归模型 国有企业	主回归模型 非国有企业
截距项	−0.119 86*** (−2.90)	−0.130 88*** (−2.87)	−0.123 25*** (−2.98)	−0.133 16*** (−2.92)
$\Delta C_{i,t}$	0.502 90*** (9.14)	0.504 14*** (6.37)	0.585 94*** (8.56)	0.584 13*** (6.82)
$\Delta E_{i,t}$	1.157 97*** (15.13)	1.589 44*** (9.46)	1.161 98*** (15.08)	1.605 23*** (9.56)
$\Delta NA_{i,t}$	0.149 83*** (3.93)	0.260 05*** (6.32)	0.155 48*** (4.12)	0.268 33*** (6.48)
$\Delta I_{i,t}$	0.040 62 (0.06)	−2.335 69** (−2.14)	0.056 94 (0.08)	−2.330 83** (−2.14)
$\Delta inv_{i,t}$	−0.099 60 (−1.31)	0.137 30 (1.52)	−0.095 82 (−1.25)	0.136 96 (1.51)
$NSYN_{i,t-1}$	−0.041 72*** (−3.18)	−0.049 93*** (−10.06)	−0.035 44** (−2.52)	−0.047 33*** (−9.16)
$C_{i,t-1}$	0.654 06*** (18.62)	0.695 30*** (8.41)	0.651 85*** (18.38)	0.694 76*** (8.43)
$L_{i,t}$	−0.093 03*** (−7.76)	−0.136 72*** (−9.38)	−0.093 22*** (−7.98)	−0.137 30*** (−9.38)
$NSYN_{i,t-1} \times \Delta C_{i,t}$			−0.219 57*** (−3.36)	−0.148 25*** (−3.35)
年度	控制	控制	控制	控制
行业	控制	控制	控制	控制
行业聚类	控制	控制	控制	控制
N	8 513	10 730	8 513	10 730
R^2_adj	0.124 34	0.133 06	0.125 97	0.133 65

、*分别表示5%及1%的显著性水平
注：括号内为 t 值

8.5.4 选取子样本

Hennessy 和 Whited（2005）认为将现金花在能够降低外部费用的地方比分配红利要有价值得多。不同公司的现金处理方式差异导致现金价值的差异。参考 Faulkender 和 Wang（2006）的做法，选取子样本进行稳健性检验。将样本根据托

宾 Q 值和利息保障倍数分组。其中，托宾 Q 值代表公司成长能力，利息保障倍数代表公司的偿债水平。由表 8.20 及表 8.21 得知，高成长能力、低偿债水平的公司边际现金价值最高，低成长能力、低偿债水平的公司边际现金价值最低。公司的成长能力和偿债水平的提升都会降低公司的融资约束程度。

表8.20 子样本回归结果（一）

变量	低成长能力、低偿债水平		高成长能力、低偿债水平	
	（1）OLS	（2）Panel_Fe	（1）OLS	（2）Panel_Fe
截距项	−0.137 63***	−0.136 08***	0.259 48***	0.249 90***
	(−4.55)	(−4.46)	(4.02)	(3.86)
$\Delta C_{i,t}$	0.274 67***	0.287 99***	1.918 52***	3.069 88***
	(4.70)	(4.12)	(5.25)	(4.28)
$\Delta E_{i,t}$	0.638 89***	0.642 57***	0.343 00	0.317 73
	(8.20)	(8.21)	(1.40)	(1.20)
$\Delta NA_{i,t}$	0.097 49**	0.098 55**	0.168 62	0.155 04
	(2.44)	(2.51)	(1.17)	(1.00)
$\Delta I_{i,t}$	−0.046 07	−0.049 55	−4.421 35	−4.233 06
	(−0.10)	(−0.11)	(−1.01)	(−1.00)
$\Delta inv_{i,t}$	−0.097 48	−0.093 04	−1.487 23	−1.626 27
	(−1.00)	(−0.97)	(−1.36)	(−1.47)
$NSYN_{i,t-1}$	−0.036 77***	−0.035 07***	−0.076 64***	−0.073 17***
	(−3.94)	(−4.08)	(−3.26)	(−3.40)
$C_{i,t-1}$	0.549 44***	0.539 52***	2.623 55***	2.650 27***
	(7.91)	(8.03)	(7.51)	(7.07)
$L_{i,t}$	−0.094 87***	−0.093 03***	0.004 68	−0.000 14
	(−6.82)	(−6.78)	(0.10)	(−0.00)
$NSYN_{i,t-1} \times \Delta C_{i,t}$		−0.044 58		−1.013 68**
		(−0.61)		(−2.50)
年度	控制	控制	控制	控制
行业	控制	未控制	控制	未控制
行业聚类	控制	控制	控制	控制
N	2 666	2 666	879	879
R^2_within	0.176 55	0.174 46	0.142 71	0.144 83

、*分别表示 5% 及 1% 的显著性水平

注：括号内为 t 值

第8章 股价信息含量对融资约束的影响研究

表8.21 子样本回归结果（二）

变量	低成长能力、低偿债水平		低成长能力、高偿债水平	
	（1）OLS	（2）Panel_Fe	（3）OLS	（4）Panel_Fe
截距项	−0.137 63***	−0.136 08***	−0.424 89***	−0.461 21***
	(−4.55)	(−4.46)	(−8.76)	(−9.83)
$\Delta C_{i,t}$	0.274 67***	0.287 99***	0.443 00***	0.558 58***
	(4.70)	(4.12)	(4.02)	(4.95)
$\Delta E_{i,t}$	0.638 89***	0.642 57***	1.917 77***	1.958 08***
	(8.20)	(8.21)	(4.13)	(3.90)
$\Delta NA_{i,t}$	0.097 49**	0.098 55**	0.273 89***	0.284 87***
	(2.44)	(2.51)	(6.29)	(6.22)
$\Delta I_{i,t}$	−0.046 07	−0.049 55	−1.850 23	−1.935 62
	(−0.10)	(−0.11)	(−1.31)	(−1.38)
$\Delta inv_{i,t}$	−0.097 48	−0.093 04	0.401 36***	0.382 08***
	(−1.00)	(−0.97)	(3.43)	(3.36)
$NSYN_{i,t-1}$	−0.036 77***	−0.035 07***	−0.056 10***	−0.032 29**
	(−3.94)	(−4.08)	(−3.97)	(−1.99)
$C_{i,t-1}$	0.549 44***	0.539 52***	0.453 06***	0.451 15***
	(7.91)	(8.03)	(7.71)	(7.76)
$L_{i,t}$	−0.094 87***	−0.093 03***	−0.135 94***	−0.139 84***
	(−6.82)	(−6.78)	(−10.18)	(−11.67)
$NSYN_{i,t-1} \times \Delta C_{i,t}$		−0.044 58		−0.380 32**
		(−0.61)		(−2.14)
年度	控制	控制	控制	控制
行业	控制	未控制	控制	未控制
行业聚类	控制	控制	控制	控制
N	2 666	2 666	1 129	1 129
R^2_within	0.176 55	0.174 46	0.295 26	0.307 76

、*分别表示5%及1%的显著性水平

注：括号内为 t 值

8.6 本章小结

8.6.1 政策性冲击

2015 年末我国首次提出供给侧结构性改革概念，为考察外生政策冲击对股价非同步性缓解融资约束效果的影响，借鉴丁志国等（2020）的研究，进行双重差分检验。定义 After 为年份指标，2015 年以后取值为 1，否则为 0。设置融资约束公司为处理组，非融资约束公司为控制组，定义虚拟变量 Treat。具体操作方法：按照 SA 指标将样本分为三组①，将融资约束最高的一组取值为 1，最低的一组取值为 0。After、Treat 变量交乘项 DID 是本章重点考察变量，其系数代表供给侧结构性改革对股价非同步性缓解融资约束的影响。

由表 8.22 可以看出，OLS 模型回归中 DID 系数为 -0.035 15，在 Panel_Fe 模型回归中系数为 -0.060 27，均为负值且显著性水平为 1%，说明供给侧结构性改革对股价非同步性缓解融资约束起促进作用。

表8.22 双重差分回归结果

变量	2016 年		2017 年	
	（1）OLS	（2）Panel_Fe	（3）OLS	（4）Panel_Fe
截距项	-0.123 37***	-0.081 78***	-0.121 75***	-0.045 12
	(-3.44)	(-2.76)	(-3.37)	(-1.41)
$\Delta C_{i,t}$	0.501 46***	0.690 13***	0.520 41***	0.705 06***
	(9.67)	(12.25)	(9.96)	(12.60)
$\Delta E_{i,t}$	1.895 83***	1.721 88***	1.898 62***	1.729 45***
	(19.23)	(16.53)	(19.26)	(16.62)
$\Delta NA_{i,t}$	0.217 40***	0.161 48***	0.224 31***	0.173 61***
	(9.86)	(6.59)	(10.10)	(6.98)
$\Delta I_{i,t}$	-1.725 83***	-1.709 84***	-1.800 41***	-1.738 96***
	(-3.18)	(-2.98)	(-3.29)	(-3.01)

---

① 中间的一组未采用，本次只选用最高和最低的两组。

续表

变量	2016 年		2017 年	
	（1）OLS	（2）Panel_Fe	（3）OLS	（4）Panel_Fe
$\Delta inv_{i,t}$	−0.096 22	−0.072 83	−0.085 88	−0.067 55
	（−1.01）	（−0.74）	（−0.89）	（−0.69）
$NSYN_{i,t-1}$	0.581 33***	1.024 30***	0.607 31***	1.053 53***
	（14.83）	（17.10）	（15.41）	（17.49）
$C_{i,t-1}$	−0.118 06***	−0.215 30***	−0.105 47***	−0.210 94***
	（−17.51）	（−18.21）	（−14.70）	（−17.89）
$L_{i,t}$	−0.054 57***	−0.081 94***	−0.053 05***	−0.081 01***
	（−9.54）	（−10.31）	（−9.30）	（−10.23）
$NSYN_{i,t-1} \times \Delta C_{i,t}$	−0.208 59***	−0.172 95***	−0.206 07***	−0.164 11***
	（−3.83）	（−3.07）	（−3.76）	（−2.91）
After			−0.008 27	0.228 17***
			（−0.28）	（6.68）
Treat			−0.041 85***	−0.118 31***
			（−3.96）	（−3.44）
DID			−0.035 15***	−0.060 27***
			（−2.75）	（−3.95）
年度	控制	控制	控制	控制
行业	控制	控制	控制	控制
行业聚类	控制	控制	控制	控制
N	8 513	10 730	8 513	10 730
R^2_adj	0.124 34	0.133 06	0.125 97	0.133 65

***表示 1%的显著性水平

注：括号内为 t 值

8.6.2 研究结论

融资约束是许多公司和众多学者一直以来关注的问题，中国股市的股价信息含量始终处于较低水平。基于以上背景，本章选取 2007~2018 年沪深两市上市公司为研究对象，使用股价非同步性作为股价信息含量的代理指标，通过对超额现金持有变动的边际市场价值的探究，考察股价信息含量与融资约束的关系。研究发现，超额现金持有变动的边际市场价值为正值，而股价信息含量指标与超额现金持有交乘项的系数为负值。研究结果表明股价信息含量对融资约束有缓解作用。进一步研究表明，这种影响在信息效率高的市场和行业成熟度高的市场作用明显。这一结论有助于我们对推进市场效率和深化行业改革、加强新兴行业扶持的意义有了更深层次的了解。本章的局限性在于未考虑公司可能会因融资约束而披露更多虚假的正面信息，股价信息质量和融资约束间的关系值得进一步研究。

第 9 章 股价信息含量对审计收费的影响

9.1 理论基础与研究假设

9.1.1 股价非同步性理论基础

股价同步性是指单个公司股价的变动与市场平均股价变动之间的关联性，即在中国通常所说的"同涨同跌"现象。该指标较好地刻画了股票价格波动的特征。与其相对的是股价非同步性，反映的是个股股价波动与市场价格波动的差异，因此，本章采用股价非同步性指标来衡量股票市场价格波动的情况。

十多年来，股价同步性的研究迅速发展。Roll（1988）最先提出股价同步性的概念，研究发现套利交易者的交易活动导致了个股股价波动，而股价非同步性波动代表了信息含量。随后，研究发现产权保护和信息透明度差异是不同国家股价同步性差异的主要原因。但是，后续的研究质疑了股价非同步性的"信息解释"，认为股价波动主要是噪声造成的而非信息。有学者发现了公司信息环境的影响，证明了信息环境差的公司股价非同步性更高，支持了噪声解释。理论模型也证明，当噪声多时，股价非同步性与市场效率呈负相关关系。研究还证明，市场的非理性行为导致的噪声是造成股价波动的原因。中国股票市场的研究也发现，相比发达国家，中国股价非同步性更多是噪声造成的而不是信息。

中国证券市场尽管近年来发展迅速，但仍存在投资者保护差、法律制度不健全、定价效率低等问题，导致市场中投机性强，噪声对股价影响较大。研究表明，在信息效率高的市场中，股价非同步性衡量信息；在信息效率低的市场中，股价非同步性衡量噪声。综合考虑，当前中国股票市场的股价非同步性主要衡量噪声水平，股价非同步性越大，噪声越大。

9.1.2　审计收费理论基础

审计收费是指审计师对被审计对象提供审计服务后收取的用于弥补执行审计程序过程中付出的人力、物力、财力等成本及需要承担的审计事后风险的一定费用。本章将上市公司财务报表披露的审计费用总和作为审计费用样本。

会计师事务所为公司提供审计服务，是资本市场重要的信息鉴定者，对经济健康发展发挥着重要作用。审计收费主要是被审计对象支付给会计师事务所用于弥补审计成本和审计风险的一定费用。

审计成本是审计过程中所需人力、财力和物力的总和，与审计工作量有关。影响审计成本的因素包括会计师事务所的品牌、审计意见类型、审计策略、审计专长、审计师变更、事务所合并等。同样，公司的资产结构、客户业务复杂度、客户所属行业等也会影响审计定价。

审计风险是指审计师执行审计程序后面临诉讼风险的可能性。研究表明，审计风险的因素有被审计单位的财务状况、法制健全程度、公司治理水平等。一些研究认为，较好的公司治理可以降低审计风险，减少审计费用；但也有研究认为会增加审计费用，因为审计程序更严格、审计范围更广。当会计师事务所意识到审计风险较高时，会提高审计服务费用。

特别地，审计师关注公司的盈余管理情况，因为这是衡量财务会计信息质量的一个指标。研究发现，盈余管理与审计费用正相关（伍利娜，2003）。为了降低公司盈余管理引发的审计风险，审计师需要花费更多时间和成本，因此会要求更高的审计费用。

9.1.3　研究假设的提出

噪声驱动的股价非同步性会通过影响公司来间接影响审计师的决策。噪声引起的股价波动会使得股票价值与公司基本面价值发生偏离，从而加剧市场的信息不对称程度。一方面，噪声会影响公司的盈余管理水平。盈余管理是公司管理者的有意行为，其为了粉饰财务业绩、误导利益相关者，通过安排一些交易活动或者运用特殊的会计处理方法更改财务报告信息。噪声交易能对股价及其波动产生系统性影响（孔东民，2006；陈其安等，2010），导致公司基本面价值与股票市场价格发生偏离，公司与投资者之间的信息不对称程度加大，从而增加了管理层进行盈余管理的动机（姚宏等，2006）。这将会影响到扮演外部治理机制角色的审计师所面临的执业风险。另一方面，噪声较多的股票市场意味着公司的经营风险较高。经营风险是公司受到外部市场环境的改变或者生产经营策略的变化，导致其经营现金流的波动性大，从而影响公司未来业绩的可能性。在我国市场中，股价非同步性越高，公司信息不对称程度越高，由此导致公司面临的融资约束加剧，从而增加其面临的经营风险（孙刚，2011）。葛新旗和冯怡（2019）研究表明，经营风险是导致财务报表发生重大错报、乱报的重要驱动因素，进而影响到记录公司经营状况的财务报表的质量。

Simunic（1980）研究表明，审计师面临的执业风险是会计师事务所进行审计定价的重要考量内容。在法律日益完善、制度环境日益健全的背景下，审计师更加注重于对在审计过程中遭受的诉讼风险和声誉风险（Defond et al.，2000）。不论是盈余管理的增加还是公司经营风险的上升都会影响公司财务报表的质量，从而影响审计师的执业风险。因此，为了提高审计的成功率，审计师在审计过程中会更加严谨，执行更严格的审计程序和增加审计投入度，从而提高审计收费。同时，为了弥补因审计失败而产生的诉讼过程中可能出现的损失，最大限度地规避风险，审计师也会索取更高的审计收费。据此，提出假设9.1。

假设9.1： 股价非同步性正向影响审计收费。

由上述分析，股价非同步性可以通过两种机制影响审计收费。

股价非同步性会增加公司信息不对称程度。具体到审计市场，就是增加审计师与被审计单位之间的信息不对称程度。首先，噪声引起的信息不对称会使公司盈余管理行为的倾向增加。显然，由于盈余管理可以粉饰公司财务业绩（方红星和张勇，2016），向市场中的投资者传递有利于公司的信号，信息不对称程度会加大公司进行盈余管理的动机。被审计公司的盈余管理程度越高，审计师需要审计的业务复杂程度越高，相应地需要更多的成本投入，加大审计范围。伍利娜（2003）认为，上市公司的盈余管理行为会使得审计风险增加，会计师事务所要求获得风险溢价补偿来弥补其可能面临的审计失败风险。其次，噪声也会加剧公司的经营风险。在噪声较多的市场中，公司决策面临的信息不对称程度加大，公司的经营不确定性增加。不难推断，经营风险的提高使公司的经营状况更加复杂，增加记录公司财务状况、经营成果和现金流量的财务报表发生漏报或错报的可能性，从而使得审计师面临的审计风险加大，继而提高审计收费。由此，提出假设9.2和假设9.3：

假设9.2： 股价非同步性越高，公司的盈余操纵越多，进而导致审计收费提高。
假设9.3： 股价非同步性越高，公司的经营风险越大，进而导致审计收费提高。

基于前文分析，股价非同步性究竟衡量信息还是噪声，取决于市场效率。在低效率市场中，股价非同步性更多地受到噪声的驱动。随着市场效率的提高，股价非同步性与噪声的正向关系减弱，将更多地体现信息含量。可以推断，在高市场效率下，股价非同步性对审计收费的正向影响将会削弱。接下来，我们试图分别使用公司规模、制度环境和代理成本三个维度描述市场效率，并对该论断进行检验。

首先，不同规模公司的市场效率不同。规模较大的公司通常内部控制系统较完善，审计程序也相对严格。因此，大规模公司的信息披露质量及财务报告中的信息质量一般要好于小规模公司（Beasley et al.，2000）。同时，规模越大的公司越容易受到公众监督和新闻媒体的关注，公司会更加在意历史累计声誉，并且大规模公司一旦违规，监管机构对其的惩罚往往会比较严重，因此，大规模公司的信息披露质量会更好（冯旭南和陈工孟，2011）。此外，大规模公司股票的市场交易活跃程度更大，导致股价中所包含的信息含量更多。揭晓小（2015）的实证分析表明分析师偏向于跟踪大规模公司，使得大规模公司的信息环境变好。公司规模越大，市场效率越高，股价非同步性受噪声影响越小。因此，预期在大规模公司的样本组中，对审计收费的正向影响应该减弱。

其次，制度环境会影响市场效率。根据 Morck 等（2000）、Li 等（2014）的研究，制度环境会影响投资者受保护程度，在制度环境较好的市场中，投资者挖掘信息的成本降低，并且产权意识受到更好的保护，使得股价中能够反映更多的公司特质信息。Jin 和 Myers（2006）的进一步研究表明，制度环境还会影响市场的信息透明度，制度环境越好的地区，信息透明度相对越高，投资者收集信息的成本越小，相应地，股价中所包含的特质信息越多。袁知柱和鞠晓峰（2009）利用中国市场化指数的研究表明，在制度环境较完善的地区，投资者可以更多地基于私有信息套利，股价中包含的信息含量较多。市场化程度越高，制度环境越完善，市场效率越高，股价非同步性受噪声影响越小。因此，预期在市场化程度高的样本组中，股价非同步性对审计收费的正向作用应该减弱。

最后，代理成本与市场效率也有关系。袁振超等（2014）研究表明，代理成本越高的公司，发布的业绩披露报告的精确度越低。当公司的代理成本较高时，自利的管理者出于个人利益最大化的目的，躲避外部投资者的监管，更有可能发布精确度差的业绩报告，以掩盖其攫取行为。精确度较低的业绩披露报告会增加公司内外部的信息不对称程度，导致公司信息透明度变差，市场效率变低。对于公司代理成本的衡量，本章借鉴 Ang 等（2000）的研究，使用管理费用率来衡量。管理费用率越小，代理成本越低，市场效率越高，股价非同步性受噪声影响越小。因此，预期在代理成本较低的样本组中，股价非同步性对审计收费的正向作用应该减弱。

综上，本章使用公司规模、制度环境和代理成本衡量市场效率。由于股价非同步性在低市场效率环境下更多地体现噪声，从而预期对审计收费的正向影响更强，由此，提出假设 9.4。

假设 9.4：股价非同步性对审计收费的正向影响在公司规模小、制度环境差和代理成本高的样本组中更显著。

9.2 研究设计

9.2.1 样本选择

由于 2007 年我国上市公司采用新会计准则，本章选取 2007~2017 年全部的 A 股上市公司作为样本。衡量公司财务指标的数据来源于国泰安 CSMAR 数据库，为避免异常样本的影响，对数据进行了进一步的筛选。

（1）剔除金融行业上市公司。
（2）剔除净资产规模小于 0 的样本。
（3）为避免异常值影响，对所有连续变量两侧进行 1% 的 winsorize 缩尾处理。
（4）剔除相关财务数据缺失的样本。

由于传统金融行业资金量大、流动性高，资产负债率与会计记账方式等均与其他行业 A 股上市公司存在明显不同。为了减少行业属性对实证结果造成的偏差，本章对金融类、保险类上市公司进行剔除；净资产规模小于 0 的样本公司融资能力较差，融资成本较高，且普遍存在财务问题，为增加结论的准确性予以剔除。

最后，共获得 2 586 家公司的 13 200 个观测数据作为研究对象。

9.2.2 研究变量选取及计算

1. 股价非同步性

对于股价非同步性的度量，参考 Durnev 等（2003）的做法，运用模型（9.1）来估计个股的拟合优度 R^2，将公司 i 在第 t 期的股票日收益率（$r_{i,t}$）对市场第 t 期的日收益率（$r_{m,t}$）及公司 i 所属行业 l 的第 t 期日收益率（$r_{l,t}$）进行回归。

$$r_{i,t} = \beta_0 + \beta_1 r_{m,t} + \beta_2 r_{l,t} + \varepsilon_{i,t} \tag{9.1}$$

计算得到模型（9.1）的拟合优度 R_i^2，R_i^2 越大表示股价同步性越高。再运用模型（9.2）对 R_i^2 进行对数转化，最后得到的 Stocksyn 即股价非同步性的衡量指标,指标数值越大,股价非同步性越高。

$$Stocksyn_i = \ln\left(\frac{1-R_i^2}{R_i^2}\right) \qquad (9.2)$$

2. 审计收费

参考国内外大多数学者的研究(Simunic,1980;伍利娜,2003),使用被审计对象支付的审计费用的自然对数作为审计收费的衡量指标。

3. 控制变量

参考以前学者的相关研究(Simunic,1980;张奇峰,2005;朱春艳等,2017),再结合本章的特点,本章控制变量的选取如表9.1所示。

表9.1 变量定义表

变量符号	变量含义	变量度量方式
CR	流动比率	上市公司流动资产与流动负债的比值
ROE	净资产收益率	上市公司净利润与净资产的比值
DEBT	资产负债率	上市公司年末负债总额与资产总额的比值
Complex	业务复杂程度	上市公司存货和应收账款之和与资产总额的比值
OP	审计意见	上市公司获得标准无保留审计意见时取值为1,否则为0
SIZE	上市公司规模	总资产的自然对数
LOSS	公司亏损状态	上市公司当年发生亏损(净利润小于0)取值为1,否则为0
Nature	产权性质	国有控股为1,否则为0
CATI	流动资产比重	上市公司流动资产与总收入的比值
BIG4	国际"四大"	当上市公司的会计师事务所为国际"四大"时取值为1,否则为0
NDR	独立董事比例	上市公司独立董事占所有董事的比例
DUAL	是否两职合一	上市公司董事长与总经理为同一人时取值为1,否则为0

9.2.3 模型的构建

参考何威风和刘巍(2015)、朱春艳等(2017)的研究,采用如下模型检验股价非同步性对审计收费的影响:

$$\text{Lnfee}_{i,t+1} = \alpha + \beta_1 \times \text{Stocksyn}_{i,t} + \sum_k \beta_2^k \times \text{Controls}_{i,t}^k + \sum_t \text{Year}_t + \sum_m \text{Industry}_m + \varepsilon_{i,t} \quad (9.3)$$

其中，被解释变量 Lnfee 为审计收费的自然对数，参考蔡春等（2015）的研究取 $t+1$ 期；解释变量 Stocksyn 为股价非同步性指标，如果该变量系数显著为正值，则说明股价非同步性上升会导致审计师要求更高的审计收费；Controls 为控制变量，本章的控制变量参考了张奇峰（2005）、朱春艳等（2017）的文献，具体包括流动比率（CR）、净资产收益率（ROE）、资产负债率（DEBT）、业务复杂程度（Complex）、审计意见（OP）、上市公司规模（SIZE）、公司亏损状态（LOSS）、产权性质（Nature）、流动资产比重（CATI）、国际"四大"（BIG4）、独立董事比例（NDR）、是否两职合一（DUAL）；Year 为年度虚拟变量；Industry 为行业虚拟变量。

9.3 实证检验

9.3.1 描述性统计

表 9.2 列示了各变量的描述性统计分析结果。审计收费指标 Lnfee 的均值为 13.640，标准差为 0.720，与何威风和刘巍（2015）和朱春艳等（2017）的结果相似。股价非同步性指标 Stocksyn 的均值为 0.525，标准差为 0.865，说明个股的噪声水平差距比较大，与林忠国等（2012）的结果相似。其他变量分布均在合理范围，不予赘述。

表9.2 描述性统计分析

变量	样本量/个	均值	中位数	标准差	最小值	最大值
Lnfee	13 200	13.640	13.530	0.720	12.210	16.590
Stocksyn	13 200	0.525	0.430	0.865	−1.069	4.953
CR	13 200	2.356	1.537	2.672	0.209	19.310
DEBT	13 200	0.433	0.428	0.207	0.047	1.082
Complex	13 200	0.209	0.186	0.156	0	0.655
CATI	13 200	1.189	0.930	0.996	0.111	7.777

续表

变量	样本量/个	均值	中位数	标准差	最小值	最大值
ROE	13 200	0.070	0.072	0.118	−0.715	0.520
LOSS	13 200	0.071	0	0.257	0	1
OP	13 200	0.977	1	0.148	0	1
BIG4	13 200	0.012	0	0.109	0	1
Nature	13 200	0.428	0	0.495	0	1
SIZE	13 200	21.950	21.780	1.202	18.900	26.740
NDR	13 200	0.371	0.333	0.053	0.300	0.571
DUAL	13 200	0.237	0	0.425	0	1

9.3.2 相关性分析

表 9.3 列出了模型中各变量的 Pearson 相关系数矩阵。表 9.3 显示流动比率、业务复杂程度、流动资产比重、是否两职合一均与审计收费在 1% 的水平上显著负相关，资产负债率、净资产收益率、产权性质、上市公司规模、国际"四大"、独立董事比例均与审计收费在 1% 的水平上显著正相关；公司亏损状态和审计意见与审计收费没有明显的相关关系。由于 Pearson 相关系数矩阵没有控制其他变量，也没有考虑时间和行业因素的影响，仅分析了两两变量之间的相关性，故仅依靠相关性分析还不够，本章后续将进一步使用多元回归模型检验研究结果。

9.3.3 股价非同步性对审计收费的回归结果

表 9.4 报告了基于模型（9.3）的全样本回归结果。其中，列（1）和列（3）分别为 OLS 模型和面板固定效应模型（Panel_FE）下的单变量回归结果，列（2）和列（4）在其基础上加入了其他控制变量。回归结果显示，加入控制变量后，Stocksyn 的系数均在 1% 水平上显著为正值，说明噪声驱动的股价非同步性越高，审计收费越高，验证了假设 9.1。

表9.3 Pearson相关系数矩阵

变量	Lnfee	Stocksyn	CR	DEBT	Complex	CATI	ROE	LOSS	OP	BIG4	Nature	SIZE	NDR	DUAL
Lnfee	1													
Stocksyn	0.040***	1												
CR	-0.248***	-0.031***	1											
DEBT	0.311***	0.062***	-0.628***	1										
Complex	-0.131***	0.007	-0.025***	0.098***	1									
CATI	-0.178***	-0.010	0.413***	-0.225***	0.059***	1								
ROE	0.043***	0.046***	0.052***	-0.123***	0.019**	-0.126***	1							
LOSS	-0.013	0.032***	-0.040***	0.130***	-0.015*	0.102***	-0.582***	1						
OP	0.009	-0.070***	0.052***	-0.142***	0.029***	-0.067***	0.132***	-0.211***	1					
BIG4	0.345***	-0.033***	-0.051***	0.067***	-0.052***	-0.064***	0.020**	0.002	0.017*	1				
Nature	0.223***	-0.031***	-0.240***	0.316***	-0.128***	-0.203***	-0.042***	0.033***	0.007	0.109***	1			
SIZE	0.748***	-0.050***	-0.293***	0.416***	-0.077***	-0.173***	0.070***	-0.065***	0.069***	0.271***	0.349***	1		
NDR	0.053***	0.004	0.034***	-0.022**	0.014*	0.048***	-0.030***	0.020**	0	0.039***	-0.063***	0.028***	1	
DUAL	-0.109***	-0.006	0.146***	-0.155***	0.061***	0.110***	0	-0.004	0.006	-0.039***	-0.303***	-0.161***	0.114***	1

*、**、***分别表示10%、5%及1%的显著性水平

注：该表是主要变量的Pearson相关系数矩阵

表9.4 全样本回归结果

变量	Lnfee$_{t+1}$			
	OLS		Panel_FE	
	(1)	(2)	(3)	(4)
Stocksyn$_t$	0.032 3**	0.074***	0.019***	0.023***
	(2.28)	(8.25)	(3.05)	(3.83)
CR$_t$		−0.005		0.001
		(−1.57)		(0.58)
DEBT$_t$		0.171***		0.215***
		(3.03)		(4.09)
Complex$_t$		−0.379***		−0.337***
		(−6.82)		(−8.02)
CATI$_t$		−0.044***		−0.034***
		(−4.52)		(−3.01)
ROE$_t$		0.118		0.060
		(1.59)		(1.13)
LOSS$_t$		0.075***		0.005
		(2.72)		(0.32)
OP$_t$		−0.138***		−0.089***
		(−2.86)		(−2.78)
BIG4$_t$		0.772***		0.219***
		(13.74)		(3.66)
Nature$_t$		−0.062***		0.003
		(−2.89)		(0.07)
SIZE$_t$		0.371***		0.188***
		(32.93)		(11.70)
NDR$_t$		0.218		0.067
		(1.47)		(0.61)
DUAL$_t$		−0.005		−0.015
		(−0.32)		(−1.07)
截距项	1.300***	5.488***	1.300***	9.229***
	(149.83)	(22.95)	(584.18)	(26.65)

续表

变量	Lnfee$_{t+1}$			
	OLS		Panel_FE	
	（1）	（2）	（3）	（4）
年度	控制	控制	控制	控制
行业	控制	控制	未控制	未控制
公司聚类	控制	控制	控制	控制
N	9 404	9 404	9 404	9 404
R^2_adj	0.113	0.615		
R^2_within			0.491	0.539

、*分别表示5%及1%的显著性水平

注：括号中是经过公司聚类（cluster）调整后的 t 值

其他变量的回归结果显示，与审计费用显著正相关的包括资产负债率（DEBT）、公司亏损状态（LOSS）、国际"四大"（BIG4）和公司规模（SIZE）等。业务复杂程度（Complex）、流动资产比重（CATI）和审计意见（OP）等与审计收费显著负相关。这些结果基本上与何威风和刘巍（2015）、张天舒和黄俊（2013）的研究发现一致。

另外，可以看出，OLS模型与Panel_FE模型下的结果高度一致，后文则统一采用Panel-FE模型。

9.4 稳健性分析

9.4.1 内生性检验

除了上文采用的滞后一期（$t+1$）的股价非同步性指标进行检验外，为了缓解内生性的问题，我们分别采用Heckman模型和Change模型进行检验。

1. Heckman模型检验

对于股价非同步性越高会导致审计收费越高这一结论，可能存在样本自选择问题。为排除这种影响，我们采用Heckman模型检验。参照刘行和叶康涛（2013）

的做法，我们先建立一个股价非同步性的概率模型，对该模型进行 Probit 回归之后，得到逆米尔斯比率（inverse Mills ratio，IMR），模型如下：

$$\Pr(\text{dum\_syn}=1)$$
$$= \alpha + \beta_1 \text{Tovertly}_{i,t} + \beta_2 \text{Top1}_{i,t} + \beta_3 \text{SIZE}_{i,t} + \beta_4 \text{DEBT}_{i,t}$$
$$+ \beta_5 \text{ROE}_{i,t} + \beta_6 \text{Growth}_{i,t} + \beta_7 \text{Nature}_{i,t} + \sum_t \text{Year}_t \quad (9.4)$$
$$+ \sum_m \text{Industry}_m + \varepsilon_{i,t}$$

其中，被解释变量为股价非同步性的虚拟变量（dum_syn），当股价非同步性指标大于样本中位数时取值为 1，否则取值为 0。参考王亚平等（2009）和田高良等（2019）的研究，解释变量包括换手率（Tovertly）、第一大股东持股比例（Top1）、上市公司规模（SIZE）、资产负债率（DEBT）、净资产收益率（ROE）、销售收入增长率（Growth）、产权性质（Nature），Year 为年度虚拟变量，Industry 为行业虚拟变量。

之后，将逆米尔斯比率 IMR 代入模型（9.4）进行回归，回归结果见表 9.5 列（1）。IMR 的系数是显著的，说明存在样本自选择导致的内生性问题。但股价非同步性 Stocksyn 的系数依然显著为正值，即控制样本自选择之后，前文的结论依然没有改变。

表9.5　内生性检验回归结果

变量	Heckman 模型	Change 模型
	（1）Lnfee$_{t+1}$	（2）Lnfee$_{t+1}$
Stocksyn$_t$	0.021***	0.013*
	(3.60)	(1.67)
CR$_t$	0.001	0
	(0.50)	(0.04)
DEBT$_t$	0.100*	0.199***
	(1.74)	(3.30)
Complex$_t$	−0.323***	−0.280***
	(−7.88)	(−6.75)
CATI$_t$	−0.028**	−0.019**
	(−2.44)	(−2.07)
ROE$_t$	−0.015	0.064
	(−0.27)	(1.39)
LOSS$_t$	0.007	−0.009
	(0.42)	(−0.63)

续表

变量	Heckman 模型 （1）Lnfee$_{t+1}$	Change 模型 （2）Lnfee$_{t+1}$
OP$_t$	−0.093*** （−2.92）	−0.043 （−1.15）
BIG4$_t$	0.197*** （3.38）	0.323** （2.27）
Nature$_t$	0.006 （0.12）	0.132* （1.79）
SIZE$_t$	0.203*** （11.41）	0.148*** （9.32）
NDR$_t$	0.071 （0.65）	0.124 （1.00）
DUAL$_t$	−0.013 （−0.99）	−0.003 （−0.18）
IMR	−0.190*** （−3.24）	
截距项	9.133*** （25.78）	1.100*** （29.26）
年度	控制	控制
公司聚类	控制	控制
N	9 404	6 758
R^2_within	0.540	0.533

*、**、***分别表示 10%、5%及 1%的显著性水平。
注：括号中是经过公司聚类（cluster）调整后的 t 值。

2. Change 模型

对模型（9.4）的所有变量进行一阶差分，基于差分后变量的回归结果见表 9.5 列（2），股价非同步性 Stocksyn 的系数仍然在 10%的水平上显著为正值，可见结论依然保持稳健。

9.4.2 变量替换

1. 经通货膨胀调整的审计收费

本章选取的数据时间跨度较大，通货膨胀水平可能会对审计收费产生影响，因此，我们参考张天舒和黄俊（2013）的做法，将经过通货膨胀率调整的审计收费

（cpi_Lnfee$_{t+1}$）作为审计收费的替代指标。回归结果见表9.6，股价非同步性Stocksyn的系数仍然显著为正值，说明在考虑通货膨胀之后，前文的结论仍然保持稳健。

表9.6 经通货膨胀调整的审计收费回归结果

变量	cpi_Lnfee$_{t+1}$			
	OLS		Panel_FE	
	（1）	（2）	（3）	（4）
Stocksyn$_t$	0.033**	0.073***	0.018***	0.022***
	（2.32）	（8.34）	（3.03）	（3.80）
CR$_t$		−0.005		0.002
		（−1.55）		（0.64）
DEBT$_t$		0.168***		0.209***
		（3.04）		（4.06）
Complex$_t$		−0.369***		−0.329***
		（−6.80）		（−8.00）
CATI$_t$		−0.043***		−0.033***
		（−4.52）		（−2.96）
ROE$_t$		0.112		0.054
		（1.56）		（1.04）
LOSS$_t$		0.073***		0.005
		（2.70）		（0.33）
OP$_t$		−0.137***		−0.079**
		（−2.91）		（−2.58）
BIG4$_t$		0.750***		0.211***
		（13.71）		（3.58）
Nature$_t$		−0.059***		0.006
		（−2.87）		（0.14）
SIZE$_t$		0.362***		0.183***
		（32.92）		（11.63）
NDR$_t$		0.207		0.046
		（1.43）		（0.44）
DUAL$_t$		−0.004		−0.013
		（−0.29）		（−0.98）
截距项	1.300***	4.906***	1.200***	8.580***
	（144.89）	（20.96）	（581.00）	（25.26）
年度	控制	控制	控制	控制
行业	控制	控制	未控制	未控制

续表

变量	cpi_Lnfee$_{t+1}$			
	OLS		Panel_FE	
	（1）	（2）	（3）	（4）
公司聚类	控制	控制	控制	控制
N	9 384	9 384	9 384	9 384
R^2_adj	0.194	0.676		
R^2_within			0.684	0.714

、*分别表示5%及1%的显著性水平

注：括号中是经过公司聚类（cluster）调整后的t值

2. 股价同步性指标

以模型（9.1）计算的股价同步性指标（R^2）作为股价非同步性指标（Stocksyn）的替代变量，两者具有相反的关系，回归结果见表9.7，股价同步性指标（R^2）的系数显著为负值，前文结论依然成立。

表9.7 使用股价同步性R^2作为解释变量

变量	OLS		Panel_FE	
	（1）Lnfee$_{t+1}$	（2）Lnfee$_{t+1}$	（3）Lnfee$_{t+1}$	（4）Lnfee$_{t+1}$
R^2_t	−0.130*	−0.371***	−0.077**	−0.096***
	（−1.66）	（−7.76）	（−2.48）	（−3.20）
CR$_t$		−0.005		0.001
		（−1.60）		（0.58）
DEBT$_t$		0.173***		0.215***
		（3.07）		（4.11）
Complex$_t$		−0.383***		−0.337***
		（−6.90）		（−8.03）
CATI$_t$		−0.043***		−0.033***
		（−4.47）		（−2.97）
ROE$_t$		0.123*		0.063
		（1.66）		（1.19）
LOSS$_t$		0.078***		0.006
		（2.84）		（0.38）
OP$_t$		−0.141***		−0.089***
		（−2.90）		（−2.79）
BIG4$_t$		0.772***		0.219***
		（13.74）		（3.67）

续表

变量	OLS		Panel_FE	
	（1）Lnfee$_{t+1}$	（2）Lnfee$_{t+1}$	（3）Lnfee$_{t+1}$	（4）Lnfee$_{t+1}$
Nature$_t$		−0.060***		0.003
		（−2.84）		（0.07）
SIZE$_t$		0.370***		0.187***
		（32.90）		（11.67）
NDR$_t$		0.217		0.067
		（1.46）		（0.61）
DUAL$_t$		−0.005		−0.014
		（−0.30）		（−1.09）
截距项	1.300***	5.675***	1.300***	9.285***
	（143.90）	（23.82）	（533.46）	（26.83）
年度	控制	控制	控制	控制
行业	控制	控制	未控制	未控制
公司聚类	控制	控制	控制	控制
N	9 404	9 404	9 404	9 404
R^2_adj	0.112	0.643		
R^2_within			0.490	0.539

*、**、***分别表示10%、5%及1%的显著性水平

注：括号中是经过公司聚类（cluster）调整后的 t 值

3. 剔除高管私人信息的股价非同步性指标

Liu（2012）认为高管私人信息通常也会被包含在股价非同步性中。不难推断，剔除了高管私人信息的股价非同步性指标，能够更好地衡量市场中的噪声水平。故借鉴于丽峰等（2014）的研究，采用剔除高管私人信息的股价非同步性指标（Stocksyn_a）替换原指标（Stocksyn）。使用 Stocksyn 指标对高管私人信息进行回归求残差，从而得到剔除了高管私人信息的股价非同步性指标（Stocksyn_a），具体如下：

$$\text{Stocksyn}_{i,t} = \beta_{i,0} + \beta_{i,1} \times \text{Extra}_{i,t} + \varepsilon_{i,t} \quad (9.5)$$

其中，Extra$_{i,t}$为高管私人信息的代理变量，表示股票 i 在第 t 年的四次财务报告[−1,1]时间窗口的市场调整累计超额平均收益；残差项 $\varepsilon_{i,t}$ 为剔除高管私人信息的股价非同步性指标（Stocksyn_a）。基于 Stocksyn_a 的回归结果见表9.8，在列（2）和列（4）的全模型回归中，Stocksyn_a 的系数结果与前文保持高度一致，前文的结论仍然成立。

表9.8 剔除高管私人信息的股价非同步性指标作为解释变量

变量	OLS (1) Lnfee$_{t+1}$	OLS (2) Lnfee$_{t+1}$	Panel_FE (3) Lnfee$_{t+1}$	Panel_FE (4) Lnfee$_{t+1}$
Stocksyn_a$_t$	0.017 (1.17)	0.040*** (4.29)	0.013** (2.24)	0.016*** (2.75)
CR$_t$		−0.006* (−1.91)		0 (0.28)
DEBT$_t$		0.208*** (3.65)		0.225*** (4.26)
Complex$_t$		−0.377*** (−6.90)		−0.350*** (−9.00)
CATI$_t$		−0.041*** (−4.59)		−0.023*** (−2.98)
ROE$_t$		0.189** (2.52)		0.096* (1.74)
LOSS$_t$		0.090*** (3.22)		0.010 (0.60)
OP$_t$		−0.166*** (−3.43)		−0.089*** (−2.74)
BIG4$_t$		0.775*** (13.77)		0.219*** (3.65)
Nature$_t$		−0.060*** (−2.82)		−0.004 (−0.09)
SIZE$_t$		0.365*** (32.56)		0.192*** (13.67)
NDR$_t$		0.216 (1.43)		0.086 (0.76)
DUAL$_t$		−0.006 (−0.38)		−0.010 (−0.72)
截距项	1.300*** (150.91)	5.654*** (23.70)	1.300*** (592.72)	9.128*** (30.00)
年度	控制	控制	控制	控制
行业	控制	控制	未控制	未控制
公司聚类	控制	控制	控制	控制
N	9 220	9 220	9 220	9 220
R^2_adj	0.110	0.641		
R^2_within			0.490	0.541

*、**、***分别表示10%、5%及1%的显著性水平

注：括号中是经过公司聚类（cluster）调整后的 t 值

4. 周回报率计算的股价非同步性指标

前文的股价非同步性指标（Stocksyn）由股票的日回报率计算求得。此处，我们以周回报率计算的股价非同步性指标（Stocksyn_w）作为替换。回归结果见表 9.9，Stocksyn_w 的系数仍然显著为正值，前文的结论依然成立。

表9.9 周回报率计算的股价非同步性指标作为解释变量

变量	OLS (1) $Lnfee_{t+1}$	OLS (2) $Lnfee_{t+1}$	Panel_FE (3) $Lnfee_{t+1}$	Panel_FE (4) $Lnfee_{t+1}$
$Stocksyn\_w_t$	0.033*** (4.20)	0.034*** (6.59)	0.009*** (2.89)	0.010*** (3.24)
CR_t		−0.005* (−1.65)		0.001 (0.63)
$DEBT_t$		0.192*** (3.42)		0.219*** (4.19)
$Complex_t$		−0.379*** (−6.79)		−0.337*** (−8.04)
$CATI_t$		−0.041*** (−4.33)		−0.033*** (−2.98)
ROE_t		0.138* (1.87)		0.065 (1.21)
$LOSS_t$		0.083*** (3.01)		0.005 (0.35)
OP_t		−0.140*** (−2.91)		−0.089*** (−2.79)
$BIG4_t$		0.774*** (13.75)		0.216*** (3.60)
$Nature_t$		−0.061*** (−2.87)		0.002 (0.06)
$SIZE_t$		0.366*** (32.59)		0.186*** (11.61)
NDR_t		0.222 (1.49)		0.061 (0.55)
$DUAL_t$		−0.005 (−0.33)		−0.014 (−1.07)
截距项	1.300*** (151.12)	5.589*** (23.40)	1.300*** (591.23)	9.263*** (26.73)
年度	控制	控制	控制	控制

续表

变量	OLS		Panel_FE	
	（1）Lnfee$_{t+1}$	（2）Lnfee$_{t+1}$	（3）Lnfee$_{t+1}$	（4）Lnfee$_{t+1}$
行业	控制	控制	未控制	未控制
公司聚类	控制	控制	控制	控制
N	9 401	9 401	9 401	9 401
R^2_adj	0.114	0.641		
R^2_within			0.490	0.539

*、***分别表示10%及1%的显著性水平.

注：括号中是经过公司聚类（cluster）调整后的 t 值

9.5 进一步研究

9.5.1 机制检验

根据前文分析，股价非同步性之所以能够促使审计师提高审计收费，一方面是因为股价中的噪声使得公司信息不对称程度加大，增加了管理层进行盈余管理的动机，审计师面临的审计风险加大。另一方面是因为噪声还会加剧公司面临的不确定性，使得经营风险上升，导致审计风险加大。因此，本章借鉴已有研究，从经营活动现金流、生产成本和可控制性费用三个角度衡量公司的真实盈余管理（ABS_REM）水平（Roychowdhury，2006），使用公司盈利的波动程度来衡量经营风险（Risk）的大小（王竹泉等，2017），并分别将其作为中介因子，进行中介效应检验。

表9.10中，控制变量中与前文定义一致的不予赘述，新添加的解释变量包括：速动比率（QR），流动资产和存货之差与流动负债的比值；存货比率（Invr），企业存货与总资产的比值；应收账款比率（Orec），企业应收账款与总资产的比值；经营现金流比率（Ocf），企业经营现金流与总资产的比值。列（1）和列（2）展示了以真实盈余管理（ABS_REM）为中介因子的检验结果，列（1）显示，Stocksyn与ABS_REM显著正相关，列（2）在控制Stocksyn后，ABS_REM的系数依然显著，说明真实盈余管理（ABS_REM）发挥了部分中介作用。

表9.10　股价非同步性对审计收费影响的中介效应检验

变量	ABS_REM (1) ABS_REM$_{t+1}$	ABS_REM (2) Lnfee$_{t+1}$	Risk (3) Risk$_{t+1}$	Risk (4) Lnfee$_{t+1}$
Stocksyn$_t$	0.015*** (6.22)	0.020*** (3.25)	0.008*** (2.69)	0.019*** (2.62)
ABS_REM$_t$		0.052** (2.01)		
Risk$_t$				0.231*** (2.83)
SIZE$_t$	0.001 (0.38)	0.182*** (10.73)	0.023*** (2.93)	0.159*** (7.97)
DEBT$_t$	0.007 (0.41)	0.228*** (4.08)	−0.004 (−0.22)	0.216*** (3.30)
BIG4$_t$	0.047** (2.19)	0.174* (1.72)	−0.004 (−0.55)	0.123 (1.34)
ROE$_t$	−0.006 (−0.37)	0.054 (1.01)	0.055*** (3.14)	0.063 (1.13)
Nature$_t$	−0.017 (−1.32)	0.004 (0.08)	−0.007 (−0.38)	−0.004 (−0.07)
Growth$_t$	0.081*** (12.95)		0.031*** (6.41)	
CR$_t$		0.001 (0.48)		−0.000 (−0.10)
Complex$_t$		−0.322*** (−7.46)		−0.280*** (−5.76)
CATI$_t$		−0.030*** (−2.58)		−0.026* (−1.81)
LOSS$_t$		−0.001 (−0.10)	0.019*** (3.47)	0.009 (0.50)
OP$_t$		−0.093*** (−2.84)	0.001 (0.10)	−0.060* (−1.69)
NDR$_t$		0.027 (0.24)		0.080 (0.62)
DUAL$_t$		−0.020 (−1.37)		−0.022 (−1.29)
QR$_t$			0 (0.87)	

续表

变量	ABS_REM		Risk	
	(1) ABS_REM$_{t+1}$	(2) Lnfee$_{t+1}$	(3) Risk$_{t+1}$	(4) Lnfee$_{t+1}$
Invr$_t$			−0.051*	
			(−1.77)	
Orec$_t$			−0.014	
			(−0.31)	
Ocf$_t$			0.006	
			(0.32)	
截距项	0.045	9.360***	−0.512***	1.100***
	(0.50)	(25.54)	(−2.71)	(23.07)
年度	控制	控制	控制	控制
行业	控制	控制	控制	控制
公司聚类	控制	控制	控制	控制
N	12 317	8 800	10 085	7 051
R^2_adj	0.216	0.532	0.080	0.517
R^2_within	0.217	0.533	0.082	0.518

*、**、***分别表示10%、5%及1%的显著性水平
注：括号中是经过公司聚类（cluster）调整后的 t 值

同理，列（3）和列（4）展示了以经营风险（Risk）为中介因子的检验结果，列（3）显示，Stocksyn 与 Risk 显著正相关，列（4）在控制 Stocksyn 后，Risk 的系数依然显著，表明经营风险（Risk）同样发挥了部分中介作用。

综上，我们发现，股价非同步性通过增加公司的盈余管理和经营风险两个渠道，提高了审计收费。由此假设 9.2 和假设 9.3 得到验证。

9.5.2 市场效率、股价非同步性与审计收费

如前文所述，股价非同步性是否衡量噪声取决于市场效率。接下来，我们分别从公司规模、制度环境及代理成本三个角度，探讨在不同的市场效率下股价非同步性与审计收费的关系。

1. 使用公司规模衡量市场效率

借鉴大多数研究，本章使用公司总资产的自然对数（SIZE）衡量公司规模。在每

个年度，根据公司规模大小将全样本分为三组①。公司规模最大的一组代表市场效率高，公司规模最小的一组代表市场效率低。使用模型（9.3）进行分组回归，见表9.11的列（1）和列（2）。结果显示，在市场效率低组中，Stocksyn 的系数在1%的水平上显著为正值，而在市场效率高组中，Stocksyn 的系数不显著。这表明随着市场效率的提高，股价非同步性不再由噪声驱动，此时其对审计收费的正向影响也随之减弱。

表9.11 股价非同步性对审计收费影响的分组回归结果

变量	公司规模（SIZE）		制度环境（MARKET）		代理成本（AGCOST）	
	（1）高	（2）低	（3）高	（4）低	（5）高	（6）低
$Stocksyn_t$	0.010 (1.00)	0.030*** (2.63)	0.016 (1.59)	0.038*** (3.32)	0.016 (1.54)	0.031*** (2.88)
CR_t	−0.007 (−0.98)	0.003 (0.94)	0.001 (0.44)	−0.003 (−0.61)	0.004 (0.55)	−0.000 (−0.12)
$DEBT_t$	0.105 (1.10)	0.177* (1.79)	0.245*** (2.60)	0.199** (2.51)	0.182* (1.81)	0.220** (2.31)
$Complex_t$	−0.456*** (−6.74)	−0.280*** (−3.38)	−0.249*** (−3.09)	−0.350*** (−5.37)	−0.339*** (−4.94)	−0.377*** (−4.70)
$CATI_t$	−0.032* (−1.79)	−0.020 (−1.64)	−0.056** (−2.30)	−0.001 (−0.12)	−0.089** (−1.97)	−0.015 (−1.55)
ROE_t	−0.125 (−1.50)	0.149 (1.51)	0.192* (1.73)	0.036 (0.45)	−0.039 (−0.48)	0.072 (0.72)
$LOSS_t$	−0.038 (−1.28)	0.0183 (0.70)	−0.009 (−0.27)	0.001 (0.07)	−0.046 (−1.56)	0.002 (0.08)
OP_t	−0.116** (−2.34)	−0.107* (−1.91)	−0.041 (−0.65)	−0.096** (−2.40)	−0.053 (−0.88)	−0.070** (−2.00)
$BIG4_t$	0.261*** (3.63)	−0.017 (−0.14)	0.127 (1.35)	0.451*** (5.18)	0.237** (2.40)	0.218** (2.58)
$Nature_t$	0.030 (0.22)	0.057 (0.83)	−0.044 (−0.48)	−0.007 (−0.11)	−0.029 (−0.27)	0.076 (1.44)
$SIZE_t$	0.210*** (9.71)	0.197*** (6.12)	0.145*** (4.91)	0.190*** (10.06)	0.160*** (6.42)	0.235*** (8.85)
NDR_t	0.271 (1.33)	0.021 (0.13)	−0.021 (−0.12)	0.166 (0.96)	0.148 (0.77)	−0.000 (−0.00)
$DUAL_t$	−0.046 (−1.63)	0.009 (0.40)	−0.019 (−0.86)	−0.054** (−2.41)	−0.020 (−0.97)	0.000 (0.03)

① 中间的一组未采用，本次只选用最大和最小的两组。

续表

变量	Lnfee$_{t+1}$					
	公司规模（SIZE）		制度环境（MARKET）		代理成本（AGCOST）	
	（1）高	（2）低	（3）高	（4）低	（5）高	（6）低
截距项	9.035***	8.822***	10.000***	8.966***	9.967***	8.091***
	（18.19）	（13.10）	（16.11）	（21.83）	（18.19）	（14.25）
年度	控制	控制	控制	控制	控制	控制
公司聚类	控制	控制	控制	控制	控制	控制
N	3 275	2 921	2 798	3 267	3 211	3 057
R^2_within	0.543	0.500	0.534	0.577	0.511	0.568

*、**、***分别表示10%、5%及1%的显著性水平。

注：括号中是经过公司聚类（cluster）调整后的 t 值

2. 使用制度环境衡量市场效率

借鉴袁知柱和鞠晓峰（2009）的研究，本章我们选取樊纲等编制的《中国市场化指数——各地区市场化相对进程2016年报告》中的市场化指数（MARKET）来衡量制度环境，由于该报告没有给出2017年的相关数据，参考相关文献的做法（杨兴全等，2014），2017年的市场化指数计算方法为上年市场化指数加上前三年指数增加值的平均数。在每个年度，根据市场化指数大小将全样本分为三组[①]。市场化指数最大的一组代表市场效率高组，市场化指数最小的一组代表市场效率低组。使用模型（9.3）进行分组回归，结果见表9.11的列（3）和列（4）。结果显示，在市场效率低组中，Stocksyn的系数在1%的水平上显著为正值，而在市场效率高组中，Stocksyn的系数不显著。其解释与上面相同。

3. 使用代理成本衡量市场效率

借鉴 Ang 等（2000）的研究，使用公司管理费用（AGCOST）度量代理成本。根据管理费用高低将全样本分为三组[①]。管理费用最低的一组代表市场效率高组，管理费用最高的一组代表市场效率低组。使用模型（9.3）进行分组回归，结果见表9.11的列（5）和列（6）。结果表明，在市场效率低组中，Stocksyn的系数在1%的水平上显著为正值，而在市场效率高组中，Stocksyn的系数不显著。其解释与上面相同。

综上，股价非同步性对审计收费的影响在公司规模小、制度环境差及代理成本高的样本组中更加显著，表明当处于低市场效率的环境中时，股价非同步性更多地受到噪声驱动，故伴随股价非同步性增高，审计收费显著提高。由此，假设9.4得到验证。

---

① 中间的一组未采用，本次只选用最大和最小的两组。

9.5.3 股价非同步性对审计风险和审计质量的影响

1. 股价非同步性与审计风险

Barberis 等（2005）研究发现，在外部监管较弱尤其是公司治理差的情况下，更容易出现会计谎报。因此，中国股票市场的噪声交易可能会导致会计信息质量下降，加剧审计师与公司之间的信息不对称程度，导致审计师在审计反映公司经营管理状况的财务报表时所面临的审计风险加大，审计师在审计过程中需要投入的努力程度提高，因此，其要求的价格补偿也增加，即审计收费会提高。

根据前文的理论分析，股价非同步性越高，审计师面临的审计风险越大。为了验证这一观点，我们借鉴张天舒和黄俊（2013）的做法，采用审计师发表的审计意见来衡量审计风险，如果审计风险越大，审计师出具非标准审计意见的可能性就越高，为此，我们构建如下模型：

$$OP_{i,t+1} = \alpha + \beta_1 \times Stocksyn_{i,t} + \sum_k \beta_2^k Controls_{i,t}^k + \sum_t Year_t + \sum_m Industry_m + \varepsilon_{i,t} \quad (9.6)$$

其中，OP 为审计意见，若公司得到标准无保留意见，取值为 1，否则为 0；Controls 为控制变量，具体包括流动比率（CR）、净资产收益率（ROE）、资产负债率（DEBT）、业务复杂程度（Complex）、上市公司规模（SIZE）、公司亏损状态（LOSS）、产权性质（Nature）、流动资产比重（CATI）、国际"四大"（BIG4）、独立董事比例（NDR）、是否两职合一（DUAL）；Year 为年度虚拟变量；Industry 为行业虚拟变量。

我们运用 Logit 回归对上述模型进行检验，结果如表 9.12 列（1）和列（2）所示。其中，列（1）为股价非同步性对审计风险影响的单变量回归结果，列（2）在列（1）的基础上加入了其他控制变量。回归结果显示，Stocksyn 的系数分别在 1% 和 5% 的水平上显著为负值，说明当股价非同步性提高时，公司更容易得到非标准审计意见。回归结果表明，股价非同步性越高，审计风险越大，审计师事后遭受诉讼的可能性会增加，这或许是提高审计收费的直接原因。

表9.12 股价非同步性对审计风险和审计质量的回归结果

变量	审计风险（OP）		审计质量（DA）	
	（1）OP_{t+1}	（2）OP_{t+1}	（3）DA_{t+1}	（4）DA_{t+1}
$Stocksyn_t$	−0.462***	−0.224**	0.036***	0.034***
	（−5.47）	（−2.35）	（4.93）	（4.53）
CR_t		0.003		
		（0.07）		

续表

变量	审计风险（OP）		审计质量（DA）	
	（1）OP_{t+1}	（2）OP_{t+1}	（3）DA_{t+1}	（4）DA_{t+1}
$DEBT_t$		−3.400***		−0.007
		（−5.16）		（−0.16）
$Complex_t$		1.458**		0.121**
		（2.52）		（2.36）
$CATI_t$		−0.273***		
		（−3.81）		
ROE_t		1.792***		−0.098
		（3.30）		（−1.42）
$LOSS_t$		−0.822***		−0.001
		（−3.03）		（−0.05）
$BIG4_t$		2.030*		−0.009
		（1.90）		（−0.18）
$Nature_t$		0.229		−0.083*
		（1.13）		（−1.91）
$SIZE_t$		0.220**		−0.040***
		（2.40）		（−2.79）
NDR_t		0.687		
		（0.39）		
$DUAL_t$		−0.005		
		（−0.03）		
$Tobin_t$				0.005
				（1.17）
$Rcash_t$				−0.010
				（−0.15）
Lta_t				−0.061
				（−1.01）
$AGCOST_t$				−0.004
				（−0.38）
截距项	4.375***	0.775	0.389***	1.253***
	（5.54）	（0.35）	（18.28）	（4.12）
年度	控制	控制	控制	控制
行业	控制	控制	未控制	未控制
公司聚类	控制	控制	控制	控制
N	9 261	9 261	9 404	9 158

续表

变量	审计风险（OP）		审计质量（DA）	
	（1）OP$_{t+1}$	（2）OP$_{t+1}$	（3）DA$_{t+1}$	（4）DA$_{t+1}$
R^2_within			0.022	0.030
R^2	0.035	0.157		

*、**、***分别表示10%、5%及1%的显著性水平

注：括号中是经过公司聚类（cluster）调整后的 t 值

2. 股价非同步性与审计质量

此外，股价非同步性对审计质量也有影响。根据文献 Kothari 等（2005），我们采用操纵性应计利润的绝对值（DA）来衡量审计质量，建立如下模型进行检验：

$$\mathrm{DA}_{i,t+1} = \alpha + \beta_1 \times \mathrm{Stocksyn}_{i,t} + \sum_k \beta_2^k \mathrm{Controls}_{i,t}^k + \sum_t \mathrm{Year}_t + \varepsilon_{i,t} \quad (9.7)$$

其中，DA 为审计质量，DA 值越小，表示审计质量越高；Controls 为控制变量，参考王春飞等（2010）的研究，主要包括净资产收益率（ROE）、资产负债率（DEBT）、业务复杂程度（Complex）、公司成长机会（Tobin）、公司亏损状态（LOSS）、产权性质（Nature）、国际"四大"（BIG4）、上市公司规模（SIZE）、现金比例（Rcash）、代理成本（AGCOST）和上一期总应计（Lta）；Year 为年度虚拟变量。

基于面板固定效应模型（Panel_FE）的回归结果如表 9.12 列（3）和列（4）所示。其中，列（3）为股价非同步性对审计质量影响的单变量回归结果，列（4）在列（3）的基础上加入了其他控制变量。回归结果显示，Stocksyn 的系数在 1% 的水平上显著为正值，表明股价非同步性越高，审计师的审计质量越差。由此，该结果同样揭示了受噪声驱动的股价非同步性对审计活动产生的负面经济影响。

9.6 本章小结

9.6.1 研究结论

股价波动的非同步性一直是研究资本市场信息传递效率的重要课题，与大多数已有文献不同的是，本章发现当前中国股市的股价非同步性主要由噪声驱动，并对上市公司的审计事务产生了负面的经济影响。我们以审计收费为证据，利用中国上市公司 2007~2017 年的数据，分析了股价非同步性与审计收费之间的关系。

研究表明，股价非同步性能够通过影响公司的盈余管理和经营风险导致审计收费的提高。同时还发现，在公司规模小、制度环境差及代理成本高的样本中，股价非同步性对审计收费的影响更显著，这说明股价非同步性是否衡量噪声与市场效率直接相关。在低市场效率市场中，股价非同步性表现为噪声；在高市场效率市场中，股价非同步性逐步转化为信息含量。进一步研究发现，噪声驱动的股价非同步性越高，审计师面临的审计风险越大，审计质量也越差。

9.6.2 政策与建议

本章的政策建议直接蕴含于实证结果中。经过多年的发展，中国股票市场的发展已经取得了很大的进步，但相较于成熟的资本市场，中国股票市场仍然存在许多不足，发展程度仍较低，市场参与者不够理性，股票市场受噪声驱动明显，股价非同步性负向地反映市场效率。信息是引导资本市场价值发现、资源配置及提高效率的重要媒介，因此，政府部门和监管机构应该提高对信息披露质量的监督和控制，不断加强市场的制度环境建设，不断完善公司治理结构，为投资者创造良好的法律保护环境，进而提高市场效率和市场资源配置能力。

9.6.3 展望与不足

本章研究了噪声驱动的股价非同步性与审计收费之间的关系，并且探讨了其背后的生成机制，但仍存在一些不足之处。

（1）本章对审计收费的考量考虑得可能不够全面。仅考虑了年度审计费用，有些公司年中也会执行审计程序，支出审计费用，这可能会对年度审计费用产生影响。

（2）目前已有研究对股价同步性的形成机理尚未达成一致观点。在中国证券市场中，股价同步性到底体现的是"信息假说"还是"噪声假说"，或者是两种观点兼而有之，又分别在什么情况下适用，还没有达成统一。本章仅以公司规模大小、公司所处的市场化进程及公司的代理成本大小作为市场效率的区分指标，对市场效率的区分仍不够直接，对这一系列问题的探讨需要进一步加深。

（3）本章仅从理论分析的角度，使用股价非同步性指标衡量市场的噪声水平，缺乏衡量市场噪声的直接指标。

第 10 章　股价信息含量对分析师预测的影响

10.1　理论分析与研究假说

10.1.1　理论基础

1. 有效市场假说

有效市场假说认为证券市场是一个高效市场，信息已经被完全反映在证券价格中，不可能通过分析获得除风险外的超额回报。Eugene F. Fama 于 1970 年对这个理论进行了深化，他把证券市场分为弱式有效市场、半强式有效市场和强式有效市场三种。在我国，近年来大多数学者证明了我国证券市场达到了弱式有效市场。有效市场假说的重要意义在于说明了信息和证券价格的关联，为分析师利用信息预测盈余提供了理论基础。股价信息含量高意味着股价包含的上市公司特定信息多，从而更能体现出公司的投资价值，分析师可以利用股价中的信息做出更准确的预测。

2. 信息不对称理论

信息不对称理论于 20 世纪 70 年代由阿克罗夫、斯彭斯、斯蒂格利茨提出，指在市场交易中交易双方对交易对象、环境辨别能力存在差异，导致信息不对称等，掌握信息多的一方有利，信息贫乏的一方不利。有时卖方传递有利信息，避开不良信息，造成道德风险。

投资者与管理层信息不对称导致外部投资者难以了解公司真实情况，造成股价低估问题。政府要求上市公司披露信息以提高市场效率，但管理层可以操纵财务数据，导致信息不真实。很多个人投资者不具备解读信息的能力，易做错投资决策。公司信息含量丰富时，中小投资者难以分析，分析师作为专业人士可以降低信息不对称程度。

3. 信息处理成本假说

分析师是金融市场信息传递的中介，他们通过搜集、加工和解读公开信息和私有信息，为公司和投资者降低信息不对称程度，制作研报。分析师通常按行业进行研究，为了提供可靠的投资建议，需要投入大量成本去搜集信息和评估公司状况，并做出盈余预测。研究表明，上市公司的公开信息是分析师预测盈余的重要来源。尽管法律对信息披露有最低要求，但公司可灵活地决定披露信息的含量。私有信息的获取需要大量成本，高成本往往会驱使分析师放弃关注该公司。股价作为公开信息，当其包含大量公司信息时，分析师不愿花费更多时间、精力、金钱搜集私人信息，而是选择从公开信息中分析公司情况，以降低信息成本，增加分析师跟踪人数。

10.1.2 研究假设

基于有效市场假说、信息不对称理论和信息处理成本假说分析，上市公司普遍存在信息不对称问题，管理层对公司的信息掌握程度处于优势地位，分析师对公司的信息了解不充分时就处于劣势地位，影响分析师做出正确的投资建议。股价信息含量的增加使得股价中包含的公司层面信息更为丰富，股价的信息处理成本也较低，分析师能够通过对股价的分析获得更多真实可靠的信息，提高对公司价值的进一步了解，降低信息不对称程度，从而降低分析师盈余预测的偏差。基于以上分析，提出假设10.1。

假设10.1：股价信息含量会显著降低分析师预测偏差。

分析师预测普遍存在乐观性偏差（O'Brien，1990）。现有研究表明，增加所在证券公司的承销收入、迎合管理层需要、提高交易佣金、维持与机构投资者的密切关系、自身职业发展甚至行为偏差等都是造成分析师预测出现乐观偏差的原因（曹胜和朱红军，2011；伍燕然等，2012；赵良玉等，2013）。

Francis和Philbrick（1993）认为，为了获取更多关于公司的非公开信息，分析师往往会主动加强和公司管理层的联系，保持良好的关系。因此，为了维持这种关系，分析师难免会在一定程度上放弃客观性，发布较为乐观的预测。Lim等（2001）也证实了这个观点，发现分析师对从管理层获取信息的依赖程度越大，分析师越倾向发布乐观预测。由此可见，由于分析师需要从上市公司管理层中获取公司未公开披露的信息，有时不得不通过发布乐观预测来进行利益交换。若公司的股价信息含量丰富，分析师就可以通过从股价中获得有关公司层面的信息，减少对管理层的依赖，因此在进行盈余预测时能够更加客观公正。据此，提出假设10.2。

假设10.2：股价信息含量的增加会降低分析师预测的乐观偏差。

分析师预测分歧是分析师对同一公司的不同看法导致预测出现的差别，预测分歧主要来源于信息的差异或预测模型的差异。如果分析师使用不同的预测模型、拥有不同的信息，则他们对上市公司的盈余预测会产生不同的意见，分析师之间的分歧也就越大。Hong等（2000）发现，缺乏预测经验的分析师往往担心其大胆的预测会与事实相左而被解雇，因此这些分析师更倾向追随其他分析师的看法，以至于发布相同的预测研报。此时，分析师之间的分歧虽然较低，但是研报的内容大体相同，预测准确性无法保证，这样的一致性并不能为市场带来有效性。当上市公司的股价信息含量较高时，分析师能够获得相同的公开信息，分析师预测的不同仅仅来自不同分析师之间的个人能力及预测模型等，分析师最终预测值的分歧度将会降低，市场有效性也会进一步提高。基于以上分析，提出假设10.3。

假设10.3：股价信息含量的增加会降低分析师之间的预测分歧。

基于经济学均衡理论，Bhushan（1989）提出，分析师跟踪数量的均衡值由分析师的供给和需求曲线的交点决定。本章研究股价信息含量如何影响分析师跟踪的供给和需求。股价信息含量属于公开信息，相对于私有信息，其获取成本更为低廉，如果上市公司股价信息含量丰富，则分析师会减少对私有信息的搜集，减少获取信息的成本，但并不影响盈余预测的质量，从而吸引更多的分析师对该公司进行盈余预测，分析师跟踪的供给曲线右移。在其他条件保持不变时，均衡点右移，分析师均衡数量增加。基于以上分析，提出假设10.4。

假设10.4：公司股价信息含量的提高会吸引更多的分析师跟踪。

经过审计质量高的会计师事务所审计的上市公司财务报告披露的信息更真实、完整，因为审计质量高的会计师事务所为维护声誉和避免法律风险会提高自身的审计质量，抑制上市公司的盈余管理。吕伟等（2016）研究发现，经国际"四大"会计师事务所审计过的上市公司，其盈余操纵降低，信息质量更高。上市公司信息披露程度越透明，分析师能够从公司得到的信息越多（白晓宇，2009），此时，分析师对股价的依赖程度变小。若上市公司信息披露程度较低，分析师基于信息处理成本假说，搜集私有信息成本过高，分析师更倾向选择从股价信息含量中分析公司基本情况，更倾向跟踪股价信息含量丰富但信息披露程度低的公司，据此提出假设10.5。

假设10.5：股价信息含量对分析师盈余预测（包括分析师预测偏差、分析师预测乐观度、分析师预测分歧度、分析师跟踪人数)的影响在信息披露程度较低时更为显著。

10.2 研 究 设 计

10.2.1 样本选择

本章选择以沪深两市全部 A 股公司的 2007~2017 年数据为总样本,从信息来源的视角研究股价信息含量对分析师盈余预测的影响。为消除内生性的影响,解释变量和控制变量全部采用滞后一期处理。本章研究使用的所有数据均来自国泰安 CSMAR 数据库。为保证数据的客观性和准确性,对样本数据进行了如下筛选。

(1) 剔除金融类上市公司。金融类上市公司在筹资、投资及经营方面有较大的行业特殊性,财务数据与其他行业上市公司存在较大差距,可能对研究结果的准确性产生一定影响,因此将其剔除。

(2) 剔除被特殊处理的 ST、PT 或*ST 上市公司。这类公司由于经营连续亏损,经营风险不确定性大,各类财务指标可能出现异常情况,对研究结果产生一定的干扰。

(3) 剔除同时发行 H 股或 B 股的上市公司。

(4) 删除负债率大于 1 的上市公司。负债率过高,大多公司资不抵债,经营亏损,各类财务指标异常,回归结果易受异常值影响。

(5) 剔除样本中发生时间早于 2007 年的数据。我国于 2007 年推行了新的会计准则,且自 2007 年以来,分析师预测样本呈现逐年增加的情况。

经过以上筛选,最终保留了 2007~2017 年 11 个会计年度 15 000 个观测值,共 2 701 家上市公司。

10.2.2 研究变量选取及计算

1. 分析师预测变量的设定

1) 分析师预测偏差

根据 Duru 和 Reeb (2002)、李丹等 (2016)、褚剑等 (2019) 的研究,本章

对分析师预测偏差（FERROR）的定义为

$$\text{FERROR} = \frac{\left|\text{mean}(\text{FEPS}_{i,t,j}) - \text{MEPS}_{i,t}\right|}{P_{i,t,0}} \quad (10.1)$$

其中，$\text{FEPS}_{i,t,j}$ 为公司 i 第 t 年获得的第 j 次每股盈余预测值；$\text{MEPS}_{i,t}$ 为公司 i 第 t 年真实的每股盈余值；$P_{i,t,0}$ 为年初的股价。分析师预测偏差度量了分析师盈余预测的绝对水平，该值越大说明分析师预测偏差越大，盈余预测的准确性越低。

2）分析师预测乐观度

参照 Jackson（2005）、许年行等（2012）、李丹等（2016）、褚剑等（2019）的研究，得出分析师预测乐观偏差（FOPT）的计算公式：

$$\text{FOPT} = \frac{\text{mean}(\text{FEPS}_{i,t,j}) - \text{MEPS}_{i,t}}{P_{i,t,0}} \quad (10.2)$$

其中，$\text{FEPS}_{i,t,j}$ 为公司 i 第 t 年获得的第 j 次每股盈余预测值；$\text{MEPS}_{i,t}$ 为公司 i 第 t 年真实的每股盈余值；$P_{i,t,0}$ 为年初的股价。与分析师预测偏差相比，该指标考虑了预测偏差的方向，如果分析师对公司的预测值大于实际值，即当 FOPT>0 时，分析师盈余预测存在乐观性偏差，该值越大，说明分析师预测乐观度越大。

3）分析师预测分歧

根据 Morgan（2002）、Lang 和 Lundholm（1996）、李春涛等（2013）的研究，本章先计算出上市公司每股收益预测值的标准差 $\text{SD}_{i,t}$，然后用年初股价进行正规化得到预测分歧（Fdisp），定义如下：

$$\text{Fdisp} = \frac{\text{SD}_{i,t}}{P_{i,t,0}} = \frac{1}{P_{i,t,0}} \times \sqrt{\frac{\sum_{j=1}^{N_{i,t}}\left(\text{FEPS}_{i,t,j} - \overline{\text{FEPS}_{i,t,j}}\right)^2}{N_{i,t} - 1}} \quad (10.3)$$

其中，$\text{FEPS}_{i,t,j}$ 为公司 i 第 t 年获得的第 j 次每股盈余预测值；公司 i 在第 t 年共得到 $N_{i,t}$ 次盈利预测，$N_{i,t}$ 次每股收益盈利预测的平均值为 $\overline{\text{FEPS}_{i,t,j}}$；$P_{i,t,0}$ 为年初的股价。Fdisp 越大，说明分析师之间对同一公司的盈余预测存在较大的分歧，预测准确度存疑。

4）分析师跟踪人数

$\text{NUM}_{i,t}$ 表示公司 i 在第 t 年内，对其进行过跟踪分析的分析师（团队）数量，一个团队数量为 1，不单独列出其成员计算数量。取发布盈余预测分析师人数的自然对数，为避免重复计算分析师人数，如果在第 t 年分析师 j 对公司 i 做了多次预测，只保留最后一条预测记录。FERROR、FOPT、Fdisp 均为百分比指标，需要在基数一致的基础上进行比较才能得出有价值的结论，因此在对分析师预测偏差、分析师预测乐观度和分析师预测分歧回归时控制了分析师跟踪人数。

2. 股价信息含量变量设定

参考已有的研究成果，本章采用股价波动非同步性指标来测度股价信息含量，这一度量方法已被国内外学者普遍认可和接受。Roll（1988）用下面简化的资本资产定价模型得到回归的拟合优度，以此来测度股价波动同步性：

$$R_{i,t} = \alpha_i + \beta_i \times R_{m,t} + \varepsilon_{i,t} \qquad (10.4)$$

其中，$R_{i,t}$ 为被投资公司 i 第 t 周的股票市场收益率；$R_{m,t}$ 为证券市场 m 第 t 周的市场收益率；$\varepsilon_{i,t}$ 为残差项，它指的是不能被市场解释的公司股票市场收益率的部分。从模型（10.4）得到的拟合优度指的是公司股价波动可以用市场收益率解释的部分。因此，$R_{i,t}$ 越大，个股波动与市场波动的同步性越大，股价中所包含的公司特质信息就越少，因此股价信息含量也越低，反之则反之。

Durnev 等（2003）认为股票收益受三个层面的影响，除了公司层面、市场层面，还包括行业层面。因此，本章对模型（10.4）进行修正，在模型中引入行业收益率，并通过研究与分析得到下列方程量化股价信息含量：

$$R_{i,t} = \alpha_i + \beta_i \times R_{m,t} + \gamma_i \times R_{I,t} + \varepsilon_{i,t} \qquad (10.5)$$

其中，$R_{I,t}$ 为被投资公司所在行业 I 第 t 周的行业收益率，该行业数据均来自国泰安 CSMAR 数据库，其他变量同模型（10.4）。修正后的模型表明，个股波动不仅受到股票大盘的影响，也受到行业因素的影响，这些因素引起的股价波动均不能反映公司特质信息。当行业层面及市场层面对被投资公司的股票收益率的解释力度越强时，股价信息含量就越小。

考虑到 R^2 的峰度和偏度偏高，参照已有文献的常见做法，对 R^2 做以下形式的对数转换：

$$\text{INF} = \text{LN}\left(\frac{1-R^2}{R^2}\right) \qquad (10.6)$$

INF 代表股价信息含量的大小，当 R^2 越小时股价信息含量 INF 就越大。分别将从模型（10.4）、模型（10.5）中回归得到的拟合优度 R^2 代入模型（10.6）中，得到股价信息含量的两个度量指标 INF1、INF2。

3. 控制变量

在控制变量的选取方面，参考已有文献成果（谭跃等，2013；谭松涛等，2015；李丹等，2016；廖明情等，2019），本章从公司特征与分析师特征两个方面设置了控制变量（Controls），主要包括公司规模、公司营利能力、公司成长能力、盈利波动性等公司特征，以及分析师预测区间、是否为明星分析师、分析师跟踪人数的自然对数等分析师特征。

公司规模（Size）的取值是上市公司总资产的自然对数。一般来说，公司规模越大，其所包含的信息量越多，对其进行的预测精确度降低，即分析师预测偏差会更高，因此预期系数为正值。公司规模越大，更易吸引分析师跟踪（Bhushan, 1989），公司规模对分析师跟踪的系数预期为正值。

公司营利能力用净资产收益率（ROE）表示，是公司税后利润除以净资产得到的比率，该指标体现了自有资本获得净收益的能力。公司营利能力越好，风险越小，越有长期发展潜力，分析师预测偏差越低，分析师越倾向跟踪这类公司。

本章将营业收入增长率（Growth）作为模型的控制变量，营业收入增长率是衡量公司经营状况和市场占有能力、预测公司经营业务拓展趋势的主要标志。崔玉英等（2014）发现分析师跟踪与公司成长能力正相关，因此需要控制其产生的影响。

资产负债率（Lev）体现公司的资本结构，本章用总负债与总资产的比值表示。偿债能力强的公司面临破产风险小，可能会影响分析师的预测。

分析师预测区间（HorizoN）是指分析师报告发布日距对应预测年份年报实际发布日的天数。HorizoN 越小，分析师对被预测公司的了解越充分，搜集到的信息越丰富，理论上分析师的盈余预测越精确，偏差越小；反之，分析师的盈余预测偏差越大。

盈利波动性（StdEarning）以上市公司报告期前三年盈余的标准差除以报告期初的总资产来衡量，盈利波动性表明了上市公司经营的稳定性，证券分析师对盈利波动性高的上市公司进行盈余预测的难度也较高，预期系数为正值。

本章采用双向固定效应模型进行回归分析，在去除个体效应的基础上加入时间效应。

10.2.3 模型的构建

本章借鉴谭松涛等（2015）、褚剑等（2019）的研究，加入公司特征和分析师特征等控制变量，控制年度和行业等虚拟变量，建立模型（10.7）：

$$FERROR_{i,t} = \beta_0 + \beta_1 \times INF_{i,t-1} + \beta_2 \times Controls_{i,t-1} + \sum Year + \sum Industry + \varepsilon_{i,t-1}$$

（10.7）

被解释变量 FERROR 为分析师预测偏差，分析师预测偏差越大，意味着分析师的预测精确度越低。解释变量 INF 包含了两种计算方法得到的股价信息含量 INF1 和 INF2，由它们分别对分析师预测偏差进行回归。由于股价信息含量对分析师预测偏差产生影响需要时间，此处的解释变量与控制变量均为滞后一期。如果其回归系数 β_1 显著为负值，则意味着股价信息含量的提高使得分析师预测偏差减小，分析师预测更准确；反之，若 β_1 显著为正值，则表明股价信息含量的提高使得分析师预测偏差增大。

基于假设 10.2，建立模型（10.8）：

$$\text{FOPT}_{i,t} = \beta_0 + \beta_1 \times \text{INF}_{i,t-1} + \beta_2 \times \text{Controls}_{i,t-1} + \sum \text{Year} + \sum \text{Industry} + \varepsilon_{i,t-1} \quad (10.8)$$

模型（10.8）是在模型（10.7）的基础上，将被解释变量变为 FOPT，表示分析师预测乐观度，该值越大，表明分析师预测越乐观。解释变量、控制变量的设定保持不变。如果其回归系数 β_1 显著为负值，则意味着股价信息含量的提高使得分析师预测乐观度减小；反之，若 β_1 显著为正值，则表明股价信息含量使分析师预测乐观度增加。

基于假设 10.3，建立模型（10.9）：

$$\text{Fdisp}_{i,t} = \beta_0 + \beta_1 \times \text{INF}_{i,t-1} + \beta_2 \times \text{Controls}_{i,t-1} + \sum \text{Year} + \sum \text{Industry} + \varepsilon_{i,t-1}$$

$$(10.9)$$

模型（10.9）是在模型（10.7）的基础上，将被解释变量变为 Fdisp，表示分析师之间的预测分歧，该值越大，表明不同分析师对同一公司的盈余预测分歧越大。解释变量、控制变量的设定同样保持不变。如果其回归系数 β_1 显著为负值，则意味着股价信息含量的提高使得分析师之间的预测分歧减小；反之，若 β_1 显著为正值，则表明股价信息含量增加了分析师之间的预测分歧。

基于假设 10.4，建立模型（10.10）：

$$\text{NUM}_{i,t} = \beta_0 + \beta_1 \times \text{INF}_{i,t-1} + \beta_2 \times \text{Controls}_{i,t-1} + \sum \text{Year} + \sum \text{Industry} + \varepsilon_{i,t-1}$$

$$(10.10)$$

模型（10.10）在前文的基础上，将被解释变量变为 NUM，表示分析师跟踪人数，该值越大，表明对同一家公司进行预测的分析师越多。解释变量的设定保持不变，由于分析师跟踪人数、分析师预测区间及是否为明星分析师三个变量与分析师自身特征相关，在控制变量中需要去除这三个变量。解释变量与控制变量同样滞后一期。如果其回归系数 β_1 显著为正值，则意味着股价信息含量越高，分析师对该公司跟踪人数越多；反之，若 β_1 显著为负值，则表明股价信息含量减少了分析师跟踪人数。

以上变量定义见表 10.1。

表10.1　变量定义

变量类型	变量符号	变量名称	变量定义
被解释变量	FERROR	分析师预测偏差	（分析师盈余预测均值-对应年份的实际每股盈余）的绝对值/年初股价
	FOPT	分析师预测乐观度	（分析师盈余预测均值-对应年份的实际每股盈余）/年初股价
	Fdisp	分析师预测分歧度	分析师盈余预测方差/年初股价
	NUM	分析师跟踪人数	一年内，对某公司进行过跟踪分析的分析师（团队）数量，一个团队数量为1，不单独列出其成员计算数量
解释变量	INF1	股价信息含量	根据模型（10.4）、模型（10.6）计算得到
	INF2		根据模型（10.5）、模型（10.6）计算得到
控制变量	Size	公司规模	总资产取自然对数
	ROE	净资产收益率	净利润/净资产
	SOE	公司所有制性质	国有企业取值为1，非国有取值为0
	Lev	资产负债率	总负债/总资产
	Age	上市年龄	公司上市日至分析师研报发布日的年限的自然对数
	PB	市净率	收盘价当期值/（所有者权益合计期末值/实收资本本期期末值）
	Shrcr	股权集中度	公司前十大股东持股比例之和
	Growth	营业收入增长率	（当期营业收入-滞后一期营业收入）/滞后一期营业收入
	MB	市账比	市值/总资产
	HorizoN	分析师预测区间	分析师报告发布日距对应预测年份年报实际发布日的天数，取对数
	Star	是否为明星分析师	如果在分析师进行盈利预测的以前年度曾经被《新财富》杂志评为明星分析师，则Star=1，否则为0
	Dual	董事长和总经理两职合一	董事长和总经理兼任时取值1，否则取值0
	StdEarning	盈利波动性	上市公司报告期前三年盈余的标准差除以报告期初的总资产
	StdCFO	现金流波动性	上市公司报告期前三年净经营现金流的标准差除以报告期初的总资产
	Year	年度虚拟变量	属于该年度，值为1；不属于该季度，值为0
	Industry	行业虚拟变量	属于该行业，值为1；不属于该季度，值为0

10.3 实证检验

10.3.1 描述性统计

表 10.2 是主要变量的全样本描述性统计结果，根据其中数据分析，分析师预测偏差的均值为 0.029，中位数为 0.018，最大值为 0.195，最小值为 0.002，表明我国分析师对不同上市公司盈余预测的偏差较大。分析师预测分歧度的均值为 0.021，证明分析师之间的盈余预测存在差别。分析师预测乐观度的均值为 0.020>0，说明分析师的预测值整体高于实际值，即分析师的盈余预测普遍存在乐观性。分析师跟踪人数的均值为 1.903。股价信息含量 INF1、INF2 的均值分别为 0.694、0.229，差距明显并且呈现出逐渐下降的趋势，这是由资本资产定价模型计量的精确度决定的。由前面的理论分析可知，在计量股价信息含量时，模型的精确度是逐渐提高的，对应的拟合优度 R^2 是逐渐上升的，因此 INF1、INF2 的均值呈现出与理论一致的逐渐下降趋势。公司规模的均值为 22.340，说明研究样本中的公司规模较大。资产负债率的均值、中位数均为 0.440，低于 50%，说明公司在经营过程中比较谨慎。是否为明星分析师的均值为 0.173，表明样本中大约有不到 20%的预测报告是由明星分析师发布的。

表10.2 主要变量的全样本描述性统计结果

变量	样本量/个	均值	中位数	最小值	最大值	标准差
FERROR	15 000	0.029	0.018	0.002	0.195	0.033
FOPT	15 000	0.020	0.013	−0.074	0.173	0.035
Fdisp	15 000	0.021	0.014	0.001	0.122	0.022
NUM	15 000	1.903	1.946	0	3.738	1.007
INF1	15 000	0.694	0.503	−1.243	5.300	1.153
INF2	15 000	0.229	0.155	−1.517	2.844	0.852
Size	15 000	22.340	22.160	17.780	28.510	1.300
ROE	15 000	0.086	0.083	−0.263	0.324	0.084
SOE	15 000	0.442	0	0	1	0.497
Lev	15 000	0.440	0.440	0.052	0.859	0.204
Age	15 000	1.898	2.079	0	3.135	0.893
PB	15 000	3.735	2.965	0.733	14.98	2.671

续表

变量	样本量/个	均值	中位数	最小值	最大值	标准差
Shrcr	15 000	59.500	60.380	24.890	90.590	14.640
Growth	15 000	0.229	0.149	−0.448	2.783	0.431
MB	15 000	2.176	1.655	0.200	9.972	1.851
HorizoN	15 000	5.528	5.561	2.944	6.178	0.424
Star	15 000	0.173	0	0	1	0.378
Dual	15 000	0.236	0	0	1	0.424
StdEarning	15 000	6.387	2.939	0.025	53.900	9.281
StdCFO	15 000	0.045	0.034	0.002	0.217	0.039

10.3.2 回归分析

1. 股价信息含量对分析师预测偏差的回归

表 10.3 是基于模型（10.7）进行的回归检验，采用了固定效应模型进行回归。根据表 10.3 的数据，列（1）和列（2）为股价信息含量单变量对分析师预测偏差的回归结果，其系数为−0.003，在 1%的水平上显著为负值。列（3）和列（4）为股价信息含量对分析师预测偏差加入了控制变量的固定效应回归结果，回归系数为−0.002，在 1%的水平上显著为负值，列（5）和列（6）在列（3）和列（4）的基础上加入了公司聚类（cluster）调整，加入 cluster 后 t 值稍微降低，但系数依然在 1%的水平上显著。这说明股价信息含量能够降低分析师预测偏差，充分验证了本章假设 10.1。

表10.3 股价信息含量对分析师预测偏差的回归结果

| 变量 | \multicolumn{6}{c}{FERROR$_{t+1}$} |
	(1)	(2)	(3)	(4)	(5)	(6)
INF1	−0.003*** (−8.03)		−0.002*** (−4.69)		−0.002*** (−4.55)	
INF2		−0.003*** (−6.73)		−0.002*** (−3.69)		−0.002*** (−3.56)
Size			0.016*** (14.87)	0.016*** (14.84)	0.016*** (11.74)	0.016*** (11.69)
ROE			−0.032*** (−6.49)	−0.032*** (−6.52)	−0.032*** (−4.26)	−0.032*** (−4.28)

续表

数量	FERROR$_{t+1}$					
	(1)	(2)	(3)	(4)	(5)	(6)
SOE			0 (0.04)	0 (0.04)	0 (0.04)	0 (0.04)
Lev			0.012*** (2.64)	0.012*** (2.68)	0.012** (2.23)	0.012** (2.26)
Age			0.001 (1.34)	0.002 (1.35)	0.001 (1.14)	0.002 (1.15)
PB			−0.004*** (−9.59)	−0.004*** (−9.75)	−0.004*** (−7.74)	−0.004*** (−7.86)
Shrcr			−0*** (−7.86)	−0*** (−7.81)	−0*** (−6.23)	−0*** (−6.17)
Growth			−0.007*** (−9.98)	−0.007*** (−10.03)	−0.007*** (−9.31)	−0.007*** (−9.36)
MB			0.004*** (5.60)	0.004*** (5.61)	0.004*** (4.50)	0.004*** (4.51)
NUM			0.001*** (2.97)	0.001*** (2.95)	0.001*** (2.77)	0.001*** (2.75)
HorizoN			0.005*** (7.87)	0.005*** (7.87)	0.005*** (8.12)	0.005*** (8.12)
Star			−0 (−0.28)	−0 (−0.36)	−0 (−0.28)	−0 (−0.36)
Dual			0 (0.34)	0 (0.34)	0 (0.30)	0 (0.30)
StdEarning			0.001*** (23.27)	0.001*** (23.24)	0.001*** (17.60)	0.001*** (17.59)
StdCFO			0.023** (2.55)	0.023** (2.55)	0.023** (2.10)	0.023** (2.10)
截距项	0.022*** (2.78)	0.021*** (2.64)	−0.329*** (−13.79)	−0.329*** (−13.79)	−0.329*** (−11.09)	−0.329*** (−11.07)
年度	控制	控制	控制	控制	控制	控制
行业	控制	控制	控制	控制	控制	控制
公司聚类	未控制	未控制	未控制	未控制	控制	控制
N	11 510	11 510	11 510	11 510	11 510	11 510
R^2_adj	−0.09	−0.09	0.04	0.04	0.24	0.24

、*分别表示5%及1%的显著性水平

注：括号内为 t 值

控制变量中净资产收益率及营业收入增长率对分析师预测偏差有显著的降低作用；公司规模、盈利波动性及分析师预测区间对分析师预测偏差有显著的正向影响，公司规模越大，信息复杂性越高，信息透明度越低，分析师预测偏差越大；分析师预测区间越长，分析师获得信息的准确性越低，分析师预测偏差越大；证券分析师对盈利波动性高的上市公司进行盈余预测的难度较高。

2. 股价信息含量对分析师预测乐观度的回归

表 10.4 是基于模型（10.8）的回归结果。表 10.4 的数据显示，在列（1）和列（2）的单变量回归中，股价信息含量的系数为-0.004，在 1%的水平上显著为负值，在列（3）~列（6）的固定效应模型回归中，股价信息含量的系数均为-0.003，都在 1%的水平上显著，说明随着股价信息含量每增加 1 单位，分析师预测乐观度降低 0.003，表明股价信息含量能够抑制分析师的乐观性倾向，这与假设 10.2 的预期结果相同。

表10.4 股价信息含量对分析师预测乐观度的回归结果

变量	$FOPT_{t+1}$					
	（1）	（2）	（3）	（4）	（5）	（6）
INF1	-0.004*** (-10.51)		-0.003*** (-6.92)		-0.003*** (-6.42)	
INF2		-0.004*** (-8.73)		-0.003*** (-5.16)		-0.003*** (-4.87)
Size			0.019*** (15.23)	0.019*** (15.19)	0.019*** (11.39)	0.019*** (11.32)
ROE			-0.033*** (-5.78)	-0.033*** (-5.81)	-0.033*** (-3.93)	-0.033*** (-3.95)
SOE			-0.005 (-1.29)	-0.005 (-1.29)	-0.005 (-0.96)	-0.005 (-0.95)
Lev			-0.025*** (-4.96)	-0.025*** (-4.91)	-0.025*** (-3.98)	-0.025*** (-3.93)
Age			-0.001 (-0.84)	-0.001 (-0.81)	-0.001 (-0.73)	-0.001 (-0.70)
PB			-0.001** (-2.31)	-0.001** (-2.56)	-0.001* (-1.79)	-0.001** (-1.98)
Shrcr			-0*** (-8.77)	-0*** (-8.69)	-0*** (-6.93)	-0*** (-6.84)
Growth			-0.008*** (-9.60)	-0.008*** (-9.69)	-0.008*** (-8.93)	-0.008*** (-9.01)

续表

变量	FOPT$_{t+1}$						
	（1）	（2）	（3）	（4）	（5）	（6）
MB			−0 （−0.62）	−0 （−0.61）	−0 （−0.48）	−0 （−0.47）
NUM			0.003*** （5.50）	0.003*** （5.45）	0.003*** （5.18）	0.003*** （5.13）
HorizoN			0.005*** （7.05）	0.005*** （7.06）	0.005*** （7.18）	0.005*** （7.19）
Star			−0.001* （−1.67）	−0.002* （−1.80）	−0.001* （−1.66）	−0.002* （−1.78）
Dual			−0 （−0.37）	−0 （−0.37）	−0 （−0.33）	−0 （−0.33）
StdEarning			0.001*** （11.69）	0.001*** （11.64）	0.001*** （9.50）	0.001*** （9.49）
StdCFO			−0.023** （−2.18）	−0.023** （−2.18）	−0.023* （−1.74）	−0.023* （−1.74）
截距项	0.008 （0.90）	0.006 （0.71）	−0.373*** （−13.64）	−0.374*** （−13.64）	−0.373*** （−10.35）	−0.374*** （−10.30）
年度	控制	控制	控制	控制	控制	控制
行业	控制	控制	控制	控制	控制	控制
公司聚类	未控制	未控制	未控制	未控制	控制	控制
N	11 510	11 510	11 510	11 510	11 510	11 510
R^2_adj	−0.14	−0.14	−0.05	−0.05	0.17	0.16

*、**、***分别表示10%、5%及1%的显著性水平
注：括号内为 t 值

控制变量中公司规模、分析师预测区间、盈利波动性的系数在1%的水平上显著为正值，表明公司规模越大、预测期限越长、盈利波动性越大，分析师预测乐观度越高。净资产收益率、营业收入增长率及市净率与分析师预测偏差显著负相关，说明公司经营性好，发展潜力大，可以降低分析师的乐观性倾向。

3. 股价信息含量对分析师预测分歧度的回归

表10.5是基于模型（10.9）的回归结果。由表10.5可知，在列（1）和列（2）的单变量回归中，股价信息含量的系数为−0.003，在1%的水平上显著为负值，在列（3）~列（6）的固定效应模型回归中，股价信息含量的系数均为−0.002，都在1%的水平上显著，说明随着股价信息含量每增加1单位，分析师预测分歧度降低0.002，表明股价信息含量越丰富，分析师能够从中获得的信息越准确，他们之间

的预测分歧度降低,对公司的预测偏向一致,这与本章假设10.3的预期结果相同。

表10.5 股价信息含量对分析师预测分歧度的回归结果

变量	\multicolumn{6}{c}{$Fdisp_{t+1}$}
	(1)	(2)	(3)	(4)	(5)	(6)
INF1	-0.003*** (-11.68)		-0.002*** (-7.12)		-0.002*** (-7.04)	
INF2		-0.003*** (-10.52)		-0.002*** (-6.32)		-0.002*** (-6.13)
Size			0.010*** (14.29)	0.010*** (14.24)	0.010*** (11.31)	0.010*** (11.24)
ROE			-0.041*** (-12.35)	-0.041*** (-12.39)	-0.041*** (-8.60)	-0.041*** (-8.60)
SOE			-0.003 (-1.37)	-0.003 (-1.36)	-0.003 (-1.25)	-0.003 (-1.24)
Lev			-0.002 (-0.69)	-0.002 (-0.61)	-0.002 (-0.59)	-0.002 (-0.52)
Age			0.001 (1.44)	0.001 (1.44)	0.001 (1.20)	0.001 (1.20)
PB			-0.002*** (-6.41)	-0.002*** (-6.61)	-0.002*** (-5.53)	-0.002*** (-5.71)
Shrcr			-0*** (-5.95)	-0*** (-5.84)	-0*** (-4.60)	-0*** (-4.50)
Growth			-0.006*** (-11.25)	-0.006*** (-11.29)	-0.006*** (-10.68)	-0.006*** (-10.71)
MB			0.001*** (2.66)	0.001*** (2.70)	0.001** (2.36)	0.001** (2.39)
NUM			-0 (-0.77)	-0 (-0.78)	-0 (-0.69)	-0 (-0.70)
HorizoN			0.003*** (7.20)	0.003*** (7.19)	0.003*** (6.98)	0.003*** (6.97)
Star			-0 (-0.91)	-0.001 (-1.02)	-0 (-0.86)	-0.001 (-0.96)
Dual			-0 (-0.35)	-0 (-0.36)	-0 (-0.32)	-0 (-0.32)
StdEarning			0*** (10.98)	0*** (10.97)	0*** (8.93)	0*** (8.93)

续表

变量	Fdisp$_{t+1}$					
	（1）	（2）	（3）	（4）	（5）	（6）
StdCFO			0.027***	0.027***	0.027***	0.027***
			（4.37）	（4.38）	（3.61）	（3.63）
截距项	0.014***	0.013**	-0.203***	-0.203***	-0.203***	-0.203***
	（2.58）	（2.41）	（-12.66）	（-12.65）	（-10.49）	（-10.44）
年度	控制	控制	控制	控制	控制	控制
行业	控制	控制	控制	控制	控制	控制
公司聚类	未控制	未控制	未控制	未控制	控制	控制
N	11 510	11 510	11 510	11 510	11 510	11 510
R^2_adj	-0.02	-0.02	0.08	0.07	0.27	0.26

、*分别表示5%及1%的显著性水平

注：括号内为 t 值

4. 股价信息含量对分析师跟踪人数的回归

表10.6是基于模型（10.10）的回归结果。由表10.6的数据可知，在列（1）和列（2）的单变量回归中，股价信息含量的系数分别为0.064和0.066，在1%的水平上显著为正值；在列（3）和列（5）中，INF1的系数为0.033，在列（4）和列（6）中，INF2的系数为0.029，它们都在1%的水平上显著为正值。这说明随着股价信息含量的增加，分析师跟踪人数变多，表明分析师更喜欢跟踪股价信息含量丰富的公司，这与假设10.4的预期结果相同。在控制变量中，公司规模越大、上市年龄越长、成长性越好的公司，越能够吸引分析师跟踪。

表10.6　股价信息含量对分析师跟踪人数的回归结果

变量	NUM$_{t+1}$					
	（1）	（2）	（3）	（4）	（5）	（6）
INF1	0.064***		0.033***		0.033***	
	（7.75）		（3.99）		（3.96）	
INF2		0.066***		0.029***		0.029***
		（6.16）		（2.74）		（2.62）
Size			0.257***	0.257***	0.257***	0.257***
			（10.15）	（10.14）	（7.74）	（7.73）
ROE			2.173***	2.178***	2.173***	2.178***
			（18.52）	（18.56）	（14.73）	（14.76）
SOE			0.033	0.033	0.033	0.033
			（0.44）	（0.44）	（0.26）	（0.26）

续表

变量	NUM$_{t+1}$					
	（1）	（2）	（3）	（4）	（5）	（6）
Lev			−0.061 （−0.71）	−0.054 （−0.63）	−0.061 （−0.56）	−0.054 （−0.49）
Age			−0.070** （−2.57）	−0.071*** （−2.59）	−0.070** （−2.08）	−0.071** （−2.09）
Shrcr			0.003*** （3.05）	0.003*** （3.03）	0.003** （2.30）	0.003** （2.28）
Growth			0.047*** （2.60）	0.048*** （2.68）	0.047** （2.44）	0.048** （2.51）
MB			0.079*** （10.43）	0.081*** （10.75）	0.079*** （8.97）	0.081*** （9.20）
Dual			−0.017 （−0.60）	−0.017 （−0.60）	−0.017 （−0.47）	−0.017 （−0.46）
StdEarning			−0.002 （−1.45）	−0.002 （−1.42）	−0.002 （−1.31）	−0.002 （−1.29）
StdCFO			0.632*** （2.82）	0.634*** （2.83）	0.632** （2.32）	0.634** （2.33）
截距项	1.763*** （9.08）	1.790*** （9.22）	−4.282*** （−7.60）	−4.270*** （−7.57）	−4.282*** （−6.02）	−4.270*** （−6.01）
年度	控制	控制	控制	控制	控制	控制
行业	控制	控制	控制	控制	控制	控制
公司聚类	未控制	未控制	未控制	未控制	控制	控制
N	11 510	11 510	11 510	11 510	11 510	11 510
R^2_adj	−0.15	−0.16	−0.06	−0.06	0.16	0.16

、*分别表示 5%及 1%的显著性水平

注：括号内为 t 值

5. 分组样本下的回归分析

本章对上市公司的审计师是否来源于国际"四大"会计师事务所进行分组回归，验证在信息披露程度不同时股价信息含量对分析师预测的影响，表 10.7、表 10.8 为分组回归结果，表 10.7 为没有剔除行业层面信息得到的股价信息含量 INF1 对分析师预测的分组回归结果；表 10.8 为剔除了行业层面信息的 INF2 对分析师预测的分组回归结果。表 10.7 中数据显示，审计师来自非国际"四大"会计师事务所时 INF1 的系数在 1%水平上显著为负值，而审计师来自国际"四大"会计师事务所，即公司信息披露质量较高时，INF1 的系数不显著或者在 10%的水平上显

著,并且表 10.8 结论与表 10.7 基本一致,在股价信息含量剔除了行业层面信息时,股价信息含量对分析师盈余预测的影响依然在公司信息披露程度较低时更为显著,验证了假设 10.5。

表10.7 分组样本回归结果(一)

变量	审计师来自国际"四大"会计师事务所			审计师来自非国际"四大"会计师事务所		
	(1)	(2)	(3)	(4)	(5)	(6)
	FERROR$_{t+1}$	FOPT$_{t+1}$	Fdisp$_{t+1}$	FERROR$_{t+1}$	FOPT$_{t+1}$	Fdisp$_{t+1}$
INF1	−0	−0.002*	−0.001*	−0.002***	−0.003***	−0.002***
	(−0.26)	(−1.80)	(−1.97)	(−4.83)	(−6.23)	(−6.68)
Size	0.006	0.020**	−0.003	0.018***	0.020***	0.012***
	(0.76)	(2.05)	(−0.69)	(12.56)	(12.15)	(12.22)
ROE	−0.038	−0.045	−0.075***	−0.032***	−0.032***	−0.038***
	(−1.31)	(−1.58)	(−4.28)	(−4.07)	(−3.66)	(−7.72)
SOE	−0.004	−0.005	−0.004	0	−0.005	−0.003
	(−0.47)	(−0.79)	(−0.52)	(0.07)	(−0.95)	(−1.14)
Lev	0.036	−0.026	0.028	0.011**	−0.025***	−0.003
	(1.53)	(−0.87)	(1.43)	(1.97)	(−3.73)	(−0.90)
Age	−0.002	−0.001	0.005	0.001	−0.001	0
	(−0.42)	(−0.24)	(1.51)	(0.98)	(−0.75)	(0.31)
PB	−0.005*	−0.002	−0.002	−0.004***	−0.001*	−0.002***
	(−1.93)	(−0.86)	(−1.33)	(−7.48)	(−1.66)	(−5.29)
Shrcr	−0	−0	−0	−0***	−0***	−0***
	(−0.14)	(−1.46)	(−0.20)	(−6.35)	(−7.03)	(−5.06)
Growth	−0.006**	−0.007	−0.006***	−0.008***	−0.008***	−0.006***
	(−2.00)	(−1.31)	(−2.79)	(−9.20)	(−8.87)	(−10.53)
MB	0.003	0	0.001	0.004***	−0	0.001***
	(0.76)	(0.03)	(0.19)	(4.73)	(−0.11)	(2.69)
NUM	0.005**	0.004*	0.001	0.001**	0.003***	−0
	(2.57)	(1.68)	(0.87)	(2.40)	(5.04)	(−0.89)
HorizoN	0.004*	0.002	0.002	0.005***	0.005***	0.003***
	(1.85)	(0.52)	(1.14)	(8.00)	(7.41)	(7.14)
Star	−0.003	−0.006*	−0.003	−0	−0.001	−0
	(−1.19)	(−1.69)	(−1.63)	(−0.20)	(−1.34)	(−0.41)
Dual	−0.002	−0.001	0.001	0	−0	−0
	(−0.53)	(−0.33)	(0.21)	(0.24)	(−0.30)	(−0.39)
StdEarning	0.003***	0.002*	0.001**	0.001***	0.001***	0***
	(3.89)	(1.87)	(2.28)	(17.46)	(9.42)	(8.69)

续表

变量	审计师来自国际"四大"会计师事务所			审计师来自非国际"四大"会计师事务所		
	(1)	(2)	(3)	(4)	(5)	(6)
	FERROR$_{t+1}$	FOPT$_{t+1}$	Fdisp$_{t+1}$	FERROR$_{t+1}$	FOPT$_{t+1}$	Fdisp$_{t+1}$
StdCFO	0.045	−0.063	0.043	0.022*	−0.022	0.027***
	(0.79)	(−0.99)	(1.18)	(1.90)	(−1.64)	(3.53)
截距项	−0.141	−0.428**	0.066	−0.362***	−0.393***	−0.225***
	(−0.85)	(−2.03)	(0.64)	(−11.82)	(−11.04)	(−10.95)
年度	控制	控制	控制	控制	控制	控制
行业	控制	控制	控制	控制	控制	控制
公司聚类	控制	控制	控制	控制	控制	控制
N	974	974	974	10 536	10 536	10 536
R^2_adj	0.17	0.09	0.25	0.25	0.18	0.27

*、**、***分别表示10%、5%及1%的显著性水平
注：括号中是经过公司聚类（cluster）调整后的 t 值

表10.8 分组样本回归结果（二）

变量	审计师来自国际"四大"会计师事务所			审计师来自非国际"四大"会计师事务所		
	(1)	(2)	(3)	(4)	(5)	(6)
	FERROR$_{t+1}$	FOPT$_{t+1}$	Fdisp$_{t+1}$	FERROR$_{t+1}$	FOPT$_{t+1}$	Fdisp$_{t+1}$
INF2	−0	−0.001	−0.001*	−0.002***	−0.003***	−0.002***
	(−0.28)	(−0.47)	(−1.97)	(−4.83)	(−6.23)	(−6.68)
Size	0.006	0.020**	−0.003	0.018***	0.020***	0.012***
	(0.74)	(2.03)	(−0.69)	(12.56)	(12.15)	(12.22)
ROE	−0.038	−0.046	−0.075***	−0.032***	−0.032***	−0.038***
	(−1.31)	(−1.62)	(−4.28)	(−4.07)	(−3.66)	(−7.72)
SOE	−0.004	−0.005	−0.004	0	−0.005	−0.003
	(−0.47)	(−0.87)	(−0.52)	(0.07)	(−0.95)	(−1.14)
Lev	0.037	−0.026	0.028	0.011**	−0.025***	−0.003
	(1.55)	(−0.88)	(1.43)	(1.97)	(−3.73)	(−0.90)
Age	−0.002	−0.001	0.005	0.001	−0.001	0
	(−0.43)	(−0.27)	(1.51)	(0.98)	(−0.75)	(0.31)
PB	−0.005*	−0.002	−0.002	−0.004***	−0.001*	−0.002***
	(−1.94)	(−1.01)	(−1.33)	(−7.48)	(−1.66)	(−5.29)
Shrcr	−0	−0	−0	−0***	−0***	−0***
	(−0.13)	(−1.54)	(−0.20)	(−6.35)	(−7.03)	(−5.06)

续表

变量	审计师来自国际"四大"会计师事务所			审计师来自非国际"四大"会计师事务所		
	(1)	(2)	(3)	(4)	(5)	(6)
	FERROR$_{t+1}$	FOPT$_{t+1}$	Fdisp$_{t+1}$	FERROR$_{t+1}$	FOPT$_{t+1}$	Fdisp$_{t+1}$
Growth	−0.006**	−0.007	−0.006***	−0.008***	−0.008***	−0.006***
	(−2.00)	(−1.38)	(−2.79)	(−9.20)	(−8.87)	(−10.53)
MB	0.003	0	0.001	0.004***	−0	0.001***
	(0.76)	(0.01)	(0.19)	(4.73)	(−0.11)	(2.69)
NUM	0.005**	0.004	0.001	0.001**	0.003***	−0
	(2.54)	(1.64)	(0.87)	(2.40)	(5.04)	(−0.89)
HorizoN	0.004*	0.002	0.002	0.005***	0.005***	0.003***
	(1.85)	(0.51)	(1.14)	(8.00)	(7.41)	(7.14)
Star	−0.003	−0.006*	−0.003	−0	−0.001	−0
	(−1.19)	(−1.69)	(−1.63)	(−0.20)	(−1.34)	(−0.41)
Dual	−0.002	−0.001	0.001	0	−0	−0
	(−0.54)	(−0.33)	(0.21)	(0.24)	(−0.30)	(−0.39)
StdEarning	0.003***	0.002*	0.001**	0.001***	0.001***	0***
	(3.89)	(1.95)	(2.28)	(17.46)	(9.42)	(8.69)
StdCFO	0.044	−0.064	0.043	0.022*	−0.022	0.027***
	(0.79)	(−1.00)	(1.18)	(1.90)	(−1.64)	(3.53)
截距项	−0.139	−0.427**	0.066	−0.362***	−0.393***	−0.225***
	(−0.84)	(−2.00)	(0.64)	(−11.82)	(−11.04)	(−10.95)
年度	控制	控制	控制	控制	控制	控制
行业	控制	控制	控制	控制	控制	控制
公司聚类	控制	控制	控制	控制	控制	控制
N	974	974	974	10 536	10 536	10 536
R^2_adj	0.17	0.08	0.25	0.25	0.18	0.27

*、**、***分别表示10%、5%及1%的显著性水平

注：括号中是经过公司聚类（cluster）调整后的 t 值

根据表10.9和表10.10的数据，当审计师来自非国际"四大"会计师事务所时，股价信息含量INF1的系数为0.034，在1%的水平上显著为正值，INF2的系数为0.026，在5%的水平上显著为正，而在审计师来自国际"四大"会计师事务所的一组都不显著，说明在信息披露质量较低时，股价信息含量能够增加分析师跟踪人数，验证了假设10.5。

表10.9　分组样本回归结果（三）

变量	审计师来自国际"四大"会计师事务所 （1）NUM_{t+1}	审计师来自非国际"四大"会计师事务所 （2）NUM_{t+1}
INF1	0.017 （0.73）	0.034*** （3.75）
Size	0.334*** （2.61）	0.237*** （6.51）
ROE	1.299*** （3.07）	2.345*** （14.30）
SOE	0.256 （0.76）	0.113 （0.90）
Lev	−0.247 （−0.63）	−0.052 （−0.45）
Age	0.030 （0.30）	−0.090** （−2.45）
Shrcr	−0 （−0.01）	0.005*** （2.78）
Growth	−0.006 （−0.10）	0.043** （2.10）
MB	0.038 （1.24）	0.072*** （7.71）
Dual	−0.006 （−0.06）	−0.016 （−0.40）
StdEarning	−0.027 （−1.13）	−0.002 （−1.44）
StdCFO	0.297 （0.23）	0.599** （2.15）
截距项	−5.574* （−1.92）	−3.719*** （−4.79）
年度	控制	控制
行业	控制	控制
公司聚类	控制	控制
N	946	10165
R^2_adj	0.24	0.15

*、**、***分别表示10%、5%及1%的显著性水平

注：括号中是经过公司聚类（cluster）调整后的 t 值

表10.10 分组样本回归结果（四）

变量	审计师来自国际"四大"会计师事务所 (1) NUM$_{t+1}$	审计师来自非国际"四大"会计师事务所 (2) NUM$_{t+1}$
INF2	0.031	0.026**
	(0.99)	(2.16)
Size	0.338***	0.236***
	(2.65)	(6.49)
ROE	1.295***	2.351***
	(3.05)	(14.34)
SOE	0.258	0.113
	(0.78)	(0.89)
Lev	−0.257	−0.042
	(−0.66)	(−0.36)
Age	0.034	−0.092**
	(0.33)	(−2.48)
Shrcr	−0	0.005***
	(−0.05)	(2.76)
Growth	−0.010	0.044**
	(−0.18)	(2.19)
MB	0.038	0.075***
	(1.24)	(7.98)
Dual	−0.003	−0.015
	(−0.04)	(−0.40)
StdEarning	−0.027	−0.002
	(−1.16)	(−1.41)
StdCFO	0.308	0.598**
	(0.24)	(2.14)
截距项	−5.654*	−3.708***
	(−1.95)	(−4.77)
年度	控制	控制
行业	控制	控制
公司聚类	控制	控制
N	946	10 165
R^2_adj	0.24	0.15

*、**、***分别表示10%、5%及1%的显著性水平

注：括号中是经过公司聚类（cluster）调整后的 t 值

10.4 稳健性分析

10.4.1 指标的替代检验

1. 分析师预测指标的替代

前文探讨了股价信息含量对分析师盈余预测的影响，为检验上述结果是否可靠，对分析师预测偏差、分析师预测乐观度采用所有分析师当年最近一次每股盈利预测的中位数（FERROR_Median、FOPT_Median）替代均值计算分析师预测偏差和分析师预测乐观度，得到表 10.11 的数据。所得结论与前文一致，较好地验证了之前的回归结果较为稳定。

表10.11 分析师预测偏差、分析师预测乐观度替代指标回归分析

变量	（1）FERROR_Median$_{t+1}$	（2）FOPT_Median$_{t+1}$	（3）FERROR_Median$_{t+1}$	（4）FOPT_Median$_{t+1}$
INF1	−0.001*** (−2.72)	−0.002*** (−4.88)		
INF2			−0.001** (−2.16)	−0.002*** (−3.51)
Size	0.015*** (10.31)	0.017*** (10.48)	0.015*** (10.28)	0.017*** (10.44)
ROE	−0.017** (−2.32)	−0.018** (−2.24)	−0.017** (−2.34)	−0.019** (−2.27)
SOE	0.002 (0.61)	−0.003 (−0.58)	0.002 (0.61)	−0.003 (−0.57)
Lev	0.014*** (2.66)	−0.021*** (−3.22)	0.014*** (2.68)	−0.021*** (−3.19)
Age	0.001 (0.83)	−0.002 (−1.03)	0.001 (0.84)	−0.001 (−1.01)
PB	−0.004*** (−7.53)	−0.001 (−1.51)	−0.004*** (−7.60)	−0.001* (−1.65)

续表

变量	（1） FERROR_Median$_{t+1}$	（2） FOPT_Median$_{t+1}$	（3） FERROR_Median$_{t+1}$	（4） FOPT_Median$_{t+1}$
Shrcr	-0^{***} （−5.69）	-0^{***} （−6.82）	-0^{***} （−5.65）	-0^{***} （−6.75）
Growth	-0.006^{***} （−7.64）	-0.007^{***} （−7.42）	-0.006^{***} （−7.67）	-0.007^{***} （−7.49）
MB	0.003^{***} （4.07）	-0.001 （−0.84）	0.003^{***} （4.08）	-0.001 （−0.84）
NUM	0.002^{***} （3.87）	0.004^{***} （6.16）	0.002^{***} （3.86）	0.004^{***} （6.12）
HorizoN	0.005^{***} （8.11）	0.005^{***} （6.82）	0.005^{***} （8.10）	0.005^{***} （6.83）
Star	0 （0.16）	-0.001 （−1.50）	0 （0.11）	-0.001 （−1.60）
Dual	0.001 （0.58）	-0 （−0.23）	0.001 （0.58）	-0 （−0.24）
StdEarning	0.001^{***} （17.17）	0.001^{***} （10.44）	0.001^{***} （17.16）	0.001^{***} （10.43）
StdCFO	0.016 （1.37）	-0.029^{**} （−2.20）	0.016 （1.37）	-0.029^{**} （−2.20）
截距项	-0.308^{***} （−10.20）	-0.345^{***} （−9.74）	-0.308^{***} （−10.18）	-0.345^{***} （−9.72）
年度	控制	控制	控制	控制
行业	控制	控制	控制	控制
公司聚类	控制	控制	控制	控制
N	11 510	11 510	11 510	11 510
R^2_adj	0.19	0.14	0.19	0.14

*、**、***分别表示 10%、5%及 1%的显著性水平

注：括号中是经过公司聚类（cluster）调整后的 t 值

2. 分析师跟踪指标的替代

使用被研报关注度（REPORT）代替分析师跟踪人数，得到表 10.12 的数据。可以看出 INF1 和 INF2 的系数显著为正值，说明股价信息含量丰富的公司会发布更多的研报，这些公司更容易被分析师进行跟踪分析，所得结论与前文一致，较好地验证了之前的回归结果较为稳定。

表10.12 被研报关注度回归分析

变量	(1)	(2)	(3)	(4)	(5)	(6)
	\multicolumn{6}{c}{REPORT_{t+1}}
INF1	0.090***		0.050***		0.050***	
	(8.96)		(5.08)		(4.85)	
INF2		0.094***		0.047***		0.047***
		(7.32)		(3.73)		(3.48)
Size			0.273***	0.273***	0.273***	0.273***
			(8.93)	(8.92)	(7.04)	(7.03)
ROE			2.389***	2.398***	2.389***	2.398***
			(16.85)	(16.90)	(13.60)	(13.64)
SOE			0.086	0.086	0.086	0.086
			(0.95)	(0.95)	(0.59)	(0.59)
Lev			0.015	0.024	0.015	0.024
			(0.14)	(0.24)	(0.11)	(0.18)
Age			−0.072**	−0.073**	−0.072*	−0.073*
			(−2.19)	(−2.21)	(−1.78)	(−1.80)
Shrcr			0.006***	0.006***	0.006***	0.006***
			(4.34)	(4.30)	(3.24)	(3.20)
Growth			0.061***	0.063***	0.061**	0.063***
			(2.81)	(2.89)	(2.54)	(2.61)
MB			0.096***	0.098***	0.096***	0.098***
			(10.45)	(10.81)	(8.95)	(9.19)
Dual			−0.016	−0.015	−0.016	−0.015
			(−0.47)	(−0.46)	(−0.37)	(−0.36)
StdEarning			−0.001	−0.001	−0.001	−0.001
			(−0.45)	(−0.42)	(−0.40)	(−0.38)
StdCFO			0.797***	0.799***	0.797**	0.799**
			(2.95)	(2.95)	(2.53)	(2.53)
截距项	2.081***	2.117***	−4.614***	−4.598***	−4.614***	−4.598***
	(8.91)	(9.06)	(−6.77)	(−6.75)	(−5.53)	(−5.51)
年度	控制	控制	控制	控制	控制	控制
行业	控制	控制	控制	控制	控制	控制
公司聚类	未控制	未控制	未控制	未控制	控制	控制
N	11 510	11 510	11 510	11 510	11 510	11 510
R^2_adj	−0.19	−0.19	−0.10	−0.10	0.13	0.13

*、**、***分别表示10%、5%及1%的显著性水平

注：括号内为 t 值

3. 股价信息含量指标的替代

参考 Liu（2012）、于丽峰等（2014）的做法，运用资本资产定价模型，将公司管理层自身拥有的信息从股价非同步性中剔除，才是来源于外部投资者的信息，以此来衡量股价中的私人信息。在模型（10.5）、模型（10.6）的基础上进行下述回归：

$$\text{INF}_{i,t} = \beta_{i,0} + \beta_{i,1} \times \text{earningssurprie}_{i,t} + \varepsilon_{i,t} \quad (10.11)$$

将式（10.11）所得的残差项作为股价信息含量的衡量指标 INF3。其中，earningssurprie$_{i,t}$为管理层信息的代理变量，表示股票 i 在第 t 年的四次定期报告 [-1,1]时间窗口的市场调整累计超额平均收益。结果如表10.13所示，所得结论与前文一致。

表10.13　股价信息含量的其他度量指标的回归分析（一）

变量	（1）FERROR$_{t+1}$	（2）FOPT$_{t+1}$	（3）Fdisp$_{t+1}$
INF3	-0.002***	-0.002***	-0.001***
	（-3.37）	（-4.31）	（-4.90）
Size	0.016***	0.019***	0.010***
	（11.24）	（11.01）	（10.79）
ROE	-0.031***	-0.032***	-0.042***
	（-3.99）	（-3.73）	（-8.29）
SOE	0.001	-0.004	-0.003
	（0.17）	（-0.89）	（-1.11）
Lev	0.012**	-0.025***	-0.001
	（2.29）	（-3.91）	（-0.16）
Age	0.002	-0.001	0.001
	（1.26）	（-0.58）	（1.04）
PB	-0.004***	-0.001*	-0.002***
	（-7.51）	（-1.80）	（-5.70）
Shrcr	-0***	-0***	-0***
	（-5.97）	（-6.74）	（-4.35）
Growth	-0.007***	-0.008***	-0.006***
	（-9.11）	（-8.63）	（-10.38）
MB	0.004***	-0.001	0.001**
	（4.38）	（-0.61）	（2.50）
NUM	0.001***	0.003***	-0
	（2.80）	（5.24）	（-0.76）
HorizoN	0.005***	0.005***	0.003***
	（8.03）	（7.08）	（6.79）

续表

变量	（1）FERROR$_{t+1}$	（2）FOPT$_{t+1}$	（3）Fdisp$_{t+1}$
Star	−0	−0.002*	−0.001
	（−0.58）	（−1.94）	（−0.97）
Dual	0.001	−0	−0
	（0.47）	（−0.28）	（−0.28）
StdEarning	0.001***	0.001***	0***
	（17.42）	（9.35）	（9.00）
StdCFO	0.022*	−0.025*	0.025***
	（1.95）	（−1.87）	（3.33）
截距项	−0.324***	−0.373***	−0.198***
	（−10.67）	（−10.00）	（−10.06）
年度	控制	控制	控制
行业	控制	控制	控制
公司聚类	控制	控制	控制
N	11 124	11 124	11 124
R^2_adj	0.24	0.17	0.26

*、**、***分别表示10%、5%及1%的显著性水平

注：括号中是经过公司聚类（cluster）调整后的 t 值

参照肖浩和孔爱国（2014）的做法，使用特质波动率指标替代股价非同步性，特质波动率表示的是公司在剔除市场波动之后得到的特质波动率，由公司特质信息得到，先计算市场中每周的 Fama-French 三因子 MKT、SMB 和 HML，然后使用如下模型按年度进行回归估计：

$$R_{i,t} - r_t = \alpha_i + \beta_i^{\mathrm{MKT}} \times \mathrm{MKT}_t + \beta_i^{\mathrm{SMB}} \times \mathrm{SMB}_t + \beta_i^{\mathrm{HML}} \times \mathrm{HML}_t + \varepsilon_{i,t} \quad (10.12)$$

其中，$R_{i,t}$ 为公司 i 第 t 周的周个股回报率；r_t 为当年的无风险利率。利用回归得到的残差 $\varepsilon_{i,t}$ 的标准差乘以交易天数的平方根得到公司 i 每年度的特质波动率：

$$\mathrm{IVOL}\_y_{i,t} = \mathrm{SD}(\varepsilon_{i,t}) \times \sqrt{T_{i,t}} \quad (10.13)$$

其中，$\mathrm{SD}(\varepsilon_{i,t})$ 为残差的标准差；$T_{i,t}$ 为公司股票 i 在 t 年的交易天数；$\mathrm{IVOL}\_y_{i,t}$ 为特质波动率。由此，得到表10.14的数据，所得结论与前文保持一致，证明用特质波动率衡量的股价信息含量仍然可以降低分析师预测偏差、分析师预测乐观度和分析师预测分歧度，使之前的回归更加稳健。

表10.14 股价信息含量的其他度量指标的回归分析（二）

变量	（1）FERROR$_{t+1}$	（2）FOPT$_{t+1}$	（3）Fdisp$_{t+1}$
IVOL_y	−0.030***	−0.038***	−0.017***
	（−5.69）	（−6.36）	（−5.12）

续表

变量	（1）FERROR$_{t+1}$	（2）FOPT$_{t+1}$	（3）Fdisp$_{t+1}$
Size	0.016***	0.019***	0.010***
	（11.66）	（11.34）	（11.23）
ROE	−0.032***	−0.033***	−0.041***
	（−4.31）	（−3.98）	（−8.60）
SOE	0	−0.004	−0.003
	（0.10）	（−0.91）	（−1.21）
Lev	0.011**	−0.026***	−0.002
	（2.18）	（−4.05）	（−0.67）
Age	0.002	−0.001	0.001
	（1.23）	（−0.59）	（1.33）
PB	−0.004***	−0.001	−0.002***
	（−7.39）	（−1.58）	（−5.42）
Shrcr	−0***	−0***	−0***
	（−6.10）	（−6.80）	（−4.52）
Growth	−0.007***	−0.008***	−0.006***
	（−8.89）	（−8.57）	（−10.44）
MB	0.004***	−0	0.001**
	（4.55）	（−0.43）	（2.36）
NUM	0.001***	0.003***	−0
	（3.06）	（5.44）	（−0.54）
HorizoN	0.005***	0.005***	0.003***
	（8.27）	（7.36）	（7.13）
Star	−0	−0.002*	−0.001
	（−0.36）	（−1.81）	（−1.02）
Dual	0	−0	−0
	（0.38）	（−0.24）	（−0.24）
StdEarning	0.001***	0.001***	0***
	（17.61）	（9.63）	（8.95）
StdCFO	0.024**	−0.023*	0.027***
	（2.13）	（−1.73）	（3.58）
截距项	−0.319***	−0.362***	−0.198***
	（−10.76）	（−10.04）	（−10.19）
年度	控制	控制	控制
行业	控制	控制	控制
公司聚类	控制	控制	控制

续表

变量	（1）FERROR$_{t+1}$	（2）FOPT$_{t+1}$	（3）Fdisp$_{t+1}$
N	11 510	11 510	11 510
R^2_adj	0.24	0.17	0.26

*、**、***分别表示10%、5%及1%的显著性水平。
注：括号中是经过公司聚类（cluster）调整后的 t 值

这里同样用上述模型得到的特质波动率对分析师跟踪人数进行回归分析，表10.15中所得结论与前文仍然一致，进一步证明之前的回归结果较为稳定。

表10.15　特质波动率对分析师跟踪人数的回归分析

变量	（1）NUM$_{t+1}$	（2）REPORT$_{t+1}$
IVOL_y	0.299**	0.459***
	（2.38）	（3.05）
Size	0.257***	0.273***
	（7.74）	（7.03）
ROE	2.176***	2.395***
	（14.73）	（13.60）
SOE	0.032	0.085
	（0.25）	（0.58）
Lev	−0.054	0.026
	（−0.49）	（0.19）
Age	−0.073**	−0.076*
	（−2.15）	（−1.88）
Shrcr	0.003**	0.006***
	（2.29）	（3.22）
Growth	0.047**	0.061**
	（2.42）	（2.52）
MB	0.079***	0.096***
	（8.78）	（8.79）
Dual	−0.018	−0.017
	（−0.50）	（−0.41）
StdEarning	−0.002	−0.001
	（−1.35）	（−0.45）
StdCFO	0.636**	0.803**
	（2.33）	（2.54）
截距项	−4.360***	−4.734***
	（−6.15）	（−5.68）
年度	控制	控制

续表

变量	（1）NUM$_{t+1}$	（2）REPORT$_{t+1}$
行业	控制	控制
公司聚类	控制	控制
N	11 510	11 510
R^2_adj	0.16	0.13

*、**、***分别表示10%、5%及1%的显著性水平。

注：括号中是经过公司聚类（cluster）调整后的 t 值

10.4.2 加入机构投资者持股比例与股价信息含量交乘项的回归分析

针对上述信息披露水平分组回归的结果进行稳健性检验。相对于一般投资者，机构投资者是专业投资者，具有强大的资金实力及信息收集和信息分析的优势，对于管理层披露的会计信息，其甄别和解读能力高于一般投资者，并且可以利用报纸、网络或电视等传播渠道向社会公众传递关于被投资公司经营状况的各种信息，使得公司披露信息更易于被外部投资者接受，透明度更高，在一定程度上对上市公司披露的会计信息起到监督作用。此外，上市公司为了吸引更多的机构投资者，向市场传递其经营状况良好的信息，在再融资中得到更大的收益，也会提高自身信息披露的透明度。Shleifer 和 Vishny（1997）发现机构投资者会通过在股东大会上行使投票权的方式要求管理层披露公司信息。高雷和张杰（2008）的研究表明，机构投资者能够监督"大股东"，提高治理水平，抑制盈余管理。丁方飞和范丽（2009）发现机构投资者持股、持股规模和参与持股家数与信息披露质量正相关。郁玉环（2012）证明机构投资者能够利用其知识优势和持股地位，监督上市公司管理层信息披露行为，促进上市公司提高信息披露水平。

针对以上分析，选用机构投资者持股比例（fund）作为交乘项加入之前的模型中，得到

$$\text{Analyst}_{i,t} = \beta_0 + \beta_1 \times \text{INF}_{i,t-1} + \beta_2 \times \text{INF} \times \text{fund}_{i,t-1} + \beta_3 \times \text{fund}_{i,t-1} \\ + \beta_4 \times \text{Controls}_{i,t-1} + \sum \text{Year} + \sum \text{Industry} + \varepsilon_{i,t-1} \quad (10.14)$$

被解释变量 Analyst 包含了分析师预测偏差、分析师预测乐观度、分析师预测分歧度。表10.16 数据显示，股价信息含量的系数在1%的水平上显著为负值，表明股价信息含量丰富时，分析师会降低分析师预测偏差、分析师预测乐观度和分析师预测分歧度。进一步来看，机构投资者持股比例的系数在1%的水平上显著为负值，说明机构投资者持股比例越高，分析师的预测准确性也越高，分歧度降

低,证实了机构投资者持股比例确实降低了管理层的盈余操纵,增加了公司信息披露程度,进而降低了分析师预测偏差。机构投资者持股比例与股价信息含量的交乘项系数在 1%的水平上显著为正值,说明随着机构投资者持股的比例增加,股价信息含量对分析师预测的影响会逐渐降低,表明了在机构投资者持股比例较高,公司信息披露程度较高时,分析师一般会使用公开披露的信息进行预测分析,当公司的信息披露程度较低时,分析师会从股价信息含量中获取信息进行盈余预测,所得结论与前文保持一致。

表10.16 加入机构投资者持股比例交乘项的回归结果

变量	(1) $FERROR_{t+1}$	(2) $FOPT_{t+1}$	(3) $Fdisp_{t+1}$	(4) $FERROR_{t+1}$	(5) $FOPT_{t+1}$	(6) $Fdisp_{t+1}$
INF1	−0.002*** (−4.38)	−0.003*** (−6.27)	−0.002*** (−6.18)			
INF2				−0.002*** (−3.03)	−0.003*** (−4.37)	−0.002*** (−5.13)
INF1 × fund	0*** (4.03)	0*** (4.94)	0*** (3.41)			
INF2 × fund				0** (2.52)	0*** (2.98)	0** (2.51)
fund	−0.001*** (−14.57)	−0.001*** (−13.32)	−0*** (−14.88)	−0.001*** (−14.86)	−0.001*** (−13.15)	−0*** (−15.39)
Size	0.016*** (11.52)	0.018*** (11.19)	0.010*** (10.92)	0.016*** (11.52)	0.018*** (11.16)	0.010*** (10.88)
ROE	−0.029*** (−3.82)	−0.029*** (−3.50)	−0.038*** (−8.17)	−0.029*** (−3.86)	−0.030*** (−3.56)	−0.039*** (−8.19)
SOE	0.001 (0.36)	−0.004 (−0.74)	−0.002 (−0.89)	0.001 (0.38)	−0.003 (−0.72)	−0.002 (−0.87)
Lev	0.010* (1.85)	−0.027*** (−4.32)	−0.004 (−1.05)	0.009* (1.81)	−0.027*** (−4.34)	−0.004 (−1.04)
Age	0.002 (1.54)	−0.001 (−0.42)	0.001 (1.63)	0.002 (1.64)	−0 (−0.29)	0.002* (1.72)
PB	−0.003*** (−6.47)	−0 (−0.67)	−0.001*** (−4.00)	−0.003*** (−6.47)	−0 (−0.74)	−0.001*** (−4.05)
Shrcr	−0*** (−4.06)	−0*** (−4.92)	−0** (−2.16)	−0*** (−4.10)	−0*** (−4.91)	−0** (−2.14)
Growth	−0.007*** (−8.82)	−0.008*** (−8.56)	−0.005*** (−10.10)	−0.007*** (−8.85)	−0.008*** (−8.60)	−0.005*** (−10.11)

续表

变量	（1）FERROR$_{t+1}$	（2）FOPT$_{t+1}$	（3）Fdisp$_{t+1}$	（4）FERROR$_{t+1}$	（5）FOPT$_{t+1}$	（6）Fdisp$_{t+1}$
MB	0.004*** （4.80）	−0 （−0.32）	0.001*** （2.72）	0.004*** （4.81）	−0 （−0.30）	0.001*** （2.75）
NUM	0.003*** （5.31）	0.004*** （7.47）	0.001** （1.98）	0.003*** （5.25）	0.004*** （7.40）	0.001** （1.96）
HorizoN	0.005*** （7.53）	0.005*** （6.61）	0.003*** （6.34）	0.005*** （7.58）	0.005*** （6.67）	0.003*** （6.37）
Star	−0 （−0.16）	−0.001 （−1.57）	−0 （−0.74）	−0 （−0.24）	−0.001* （−1.69）	−0 （−0.84）
Dual	0 （0.33）	−0 （−0.29）	−0 （−0.30）	0 （0.31）	−0 （−0.32）	−0 （−0.32）
StdEarning	0.001*** （17.44）	0.001*** （9.18）	0*** （8.71）	0.001*** （17.40）	0.001*** （9.14）	0*** （8.68）
StdCFO	0.022** （2.02）	−0.024* （−1.84）	0.026*** （3.51）	0.022** （2.00）	−0.024* （−1.86）	0.026*** （3.50）
截距项	−0.319*** （−10.93）	−0.363*** （−10.12）	−0.195*** （−10.11）	−0.320*** （−10.94）	−0.365*** （−10.11）	−0.196*** （−10.10）
年度	控制	控制	控制	控制	控制	控制
行业	控制	控制	控制	控制	控制	控制
公司聚类	控制	控制	控制	控制	控制	控制
N	11 510	11 510	11 510	11 510	11 510	11 510
R^2_adj	0.26	0.18	0.29	0.26	0.18	0.29

*、**、***分别表示10%、5%及1%的显著性水平
注：括号中是经过公司聚类（cluster）调整后的 t 值

10.4.3 Heckman 两步法检验

由于经济人个体本身具有选择判断能力，因此很可能采取一些影响抽样过程的行动，从而使抽样失去随机性，造成所收集到的样本不能代表总体，这种现象被称为自选择问题。分析师作为经济人个体，他们很可能在分析决策时更倾向选择股价信息含量较高的公司，造成股价信息含量高的公司样本较多，产生自选择问题。因此，采用 Heckman 两步法解决自选择问题。由表10.17可知，lambda1 和 lambda2 的系数在1%的水平上显著为正值，说明存在自选择问题，而 INF1 和 INF2 对分析师预测的影响仍然显著为负值，说明即使存在自选择问题，股价信息

含量仍然能够降低分析师预测偏差、分析师预测乐观度和分析师预测分歧度，提高分析师盈余预测的准确性。

表10.17　Heckman两步法回归结果

变量	(1) $FERROR_{t+1}$	(2) $FOPT_{t+1}$	(3) $Fdisp_{t+1}$	(4) $FERROR_{t+1}$	(5) $FOPT_{t+1}$	(6) $Fdisp_{t+1}$
INF1	−0.001*** (−4.76)	−0.002*** (−5.56)	−0.002*** (−8.80)			
INF2				−0.001* (−1.87)	−0.002*** (−4.33)	−0.001*** (−5.22)
lambda1	0.068*** (9.83)	0.103*** (12.18)	0.027*** (7.59)			
lambda2				0.032*** (5.25)	0.045*** (6.27)	0.017*** (4.94)
Size	0.003*** (4.76)	−0.002** (−2.48)	0.003*** (7.63)	0.003*** (4.05)	−0.002*** (−2.65)	0.003*** (6.04)
ROE	−0.016** (−2.57)	−0.039*** (−5.14)	−0.026*** (−6.49)	−0.039*** (−6.50)	−0.074*** (−10.62)	−0.034*** (−8.83)
SOE	−0.008*** (−8.57)	−0.010*** (−9.44)	−0.007*** (−10.37)	−0.010*** (−8.03)	−0.013*** (−9.07)	−0.008*** (−10.33)
Lev	0.051*** (10.49)	0.017*** (3.52)	0.017*** (6.72)	0.045*** (9.61)	0.009** (1.98)	0.015*** (6.08)
Age	0.001 (1.16)	−0.002** (−2.22)	−0.001* (−1.77)	0 (0.04)	−0.003*** (−3.82)	−0.001*** (−2.79)
PB	−0.004*** (−5.56)	0.003*** (6.11)	−0.001*** (−5.59)	−0.004*** (−6.29)	0.002*** (4.04)	−0.001*** (−5.96)
Shrcr	−0 (−0.40)	−0 (−0.62)	−0* (−1.71)	−0* (−1.78)	−0** (−2.37)	−0** (−2.43)
Growth	−0.006*** (−8.27)	−0.007*** (−8.74)	−0.005*** (−10.70)	−0.006*** (−8.04)	−0.006*** (−8.04)	−0.005*** (−10.53)
MB	0.003*** (3.27)	−0.005*** (−7.28)	0 (0.67)	0.004*** (3.54)	−0.005*** (−6.13)	0 (0.45)
NUM	0.002*** (4.28)	0.004*** (7.78)	0.001*** (3.48)	0.001*** (2.90)	0.003*** (5.90)	0.001*** (2.82)
HorizoN	0.006*** (9.47)	0.006*** (8.33)	0.003*** (7.91)	0.006*** (9.45)	0.006*** (8.17)	0.003*** (7.97)

续表

变量	（1） FERROR$_{t+1}$	（2） FOPT$_{t+1}$	（3） Fdisp$_{t+1}$	（4） FERROR$_{t+1}$	（5） FOPT$_{t+1}$	（6） Fdisp$_{t+1}$
Star	−0	−0.002***	−0.001	−0.001	−0.002***	−0.001
	(−0.54)	(−2.76)	(−1.16)	(−0.70)	(−2.87)	(−1.37)
Dual	0	0.001	0	0	0.001	0
	(0.34)	(1.11)	(0.45)	(0.55)	(1.40)	(0.62)
StdEarning	0.001***	0***	0***	0.001***	0***	0***
	(17.21)	(4.87)	(10.68)	(17.79)	(5.72)	(10.80)
StdCFO	0.062***	0.034***	0.058***	0.056***	0.025**	0.055***
	(7.01)	(3.35)	(9.35)	(6.29)	(2.40)	(8.90)
截距项	−0.125***	−0.033**	−0.080***	−0.104***	−0.001	−0.067***
	(−8.98)	(−1.99)	(−9.21)	(−7.43)	(−0.08)	(−7.58)
年度	控制	控制	控制	控制	控制	控制
行业	控制	控制	控制	控制	控制	控制
公司聚类	控制	控制	控制	控制	控制	控制
N	11 510	11 510	11 510	11 510	11 510	11 510
R^2_adj	0.30	0.22	0.29	0.28	0.17	0.28

*、**、***分别表示10%、5%及1%的显著性水平。
注：括号中是经过公司聚类（cluster）调整后的 t 值。

10.5 研究结论与政策建议

10.5.1 研究结论

本章采用2007~2017年我国A股全部上市公司作为研究样本，基于信息来源的视角，研究股价信息含量对分析师盈余预测的影响，主要研究结论如下。

我国中小投资者占多数，但其信息获取能力和专业解读能力不强，大多数投资者和公司之间存在信息不对称问题，亟须具有高素质和良好行业背景的分析师为中小投资者提供投资建议，降低投资者和公司之间的信息不对称程度。因此，分析师盈余预测的质量颇为重要。

随着融资融券、"沪港通"等政策的实施，以及机构投资者等知情交易者的加入，我国股价信息含量不断提升。分析师可以利用自身的专业能力及经验，从股价中分析出公司特质信息，据此做出更为准确的投资建议。因此，股价信息含量的提高可以显著降低分析师预测偏差，降低分析师乐观度，降低分析师预测分歧度，以及吸引更多的分析师跟踪，而且这种影响在信息披露质量较低时更为显著，说明当公司信息披露质量较高时，披露的信息已经充分反映出公司的经营状况、公司投融资项目的可行性、发展前景等情况，此时，分析师只需利用披露的信息即可做出较为准确的盈余预测，不需要再从股价中进行分析；而当公司信息披露程度较低时，分析师要想了解公司的具体情况，就可以从股价这种公开信息中进行分析，做出预测。因此，股价信息含量对分析师盈余预测的影响在信息披露质量较低时发挥主要作用。

10.5.2 政策建议

通过前文的理论分析和对研究假设的检验，本章发现股价信息含量可以影响分析师盈余预测，而且信息披露质量会影响这一关系的存在。根据本章的实证研究与结论，提出以下建议。

第一，提高我国股价的信息含量，提高资本市场运行效率，促进资源有效配置。一方面，证监会在2014~2018年相继推出"沪港通""深港通""沪伦通"等互联互通机制，旨在促进我国资本市场的开放。资本市场的开放有助于多方投资者加入我国的资本市场中，使得更多的信息被融入股价中，提高股价中的信息含量。另一方面，发挥我国机构投资者等知情交易者的作用，机构投资者长期持有公司股票可以有效帮助公司信息注入股价，提高市场效率。

第二，做好分析师团队建设。分析师具备专业的分析和解读信息的技能，可以更加准确地进行判断和有效预测，帮助投资者解读股价中的公司层面信息，提高股价信息含量的可理解性与可信度，降低投资者的投资风险，发挥信息中介的作用。分析师出具的上市公司研究报告是投资者做出投资决策的重要参考。现阶段，我国分析师的整体水平还有较大的提升空间，职业行为还需要加强规范性。因此，要加快分析师团队的建设，加强分析师的教育与培训，提升行为规范水平，增强自律意识，提高分析师的专业技能并培养分析师客观谨慎的职业素养，利用其专业的信息解读技能解读公司披露的信息，使分析师承担起提升证券市场效率的责任。分析师应增加信息的来源和渠道，并提高预测水平。

第三，时刻警惕信息泄露与内幕交易，保护我国证券市场广大中小投资者的利益。监管部门应督促上市公司及时地披露相关信息，防止内幕消息的传播，并时刻监控其内部人之间的交易，加强对信息泄露的监管，加大对泄露信息等违法行为的惩处力度，维护我国证券市场良好的法治秩序，促进其平稳、快速、合理、健康、高效地发展。

参考文献

阿克洛夫 J. 2001. "柠檬"市场：质量的不确定性和市场机制[J]. 经济导刊，(6)：1-8.
白晓宇. 2009. 上市公司信息披露政策对分析师预测的多重影响研究[J]. 金融研究，(4)：92-112.
蔡春，谢柳芳，马可哪呐. 2015. 高管审计背景、盈余管理与异常审计收费[J]. 会计研究，(3)：72-78，95.
蔡庆丰，宋友勇. 2009. 机构投资者与市场定价效率的检验与反思[J]. 证券市场导报，(12)：66-73.
曹胜，朱红军. 2011. 王婆贩瓜：券商自营业务与分析师乐观性[J]. 管理世界，(7)：20-30.
陈国进，张贻军，刘淳. 2010. 机构投资者是股市暴涨暴跌的助推器吗？——来自上海A股市场的经验证据[J]. 金融研究，(11)：45-59.
陈浩. 2004. 中国股票市场机构投资者羊群行为实证研究[J]. 南开经济研究，(2)：91-94.
陈婧，张金丹，方军雄. 2018. 公司债务违约风险影响审计收费吗[J]. 财贸经济，39(5)：71-87.
陈康，刘琦. 2018. 股价信息含量与投资-股价敏感性——基于融资融券的准自然实验[J]. 金融研究，(9)：126-142.
陈梦根，毛小元. 2007. 股价信息含量与市场交易活跃程度[J]. 金融研究，(3)：125-139.
陈其安，张媛，赖琴云，等. 2010. 基于噪音交易者的风险资产定价模型及其应用[J]. 系统工程理论与实践，30(3)：385-395.
陈卓思，高峰，祁斌. 2008. 机构投资者交易行为特征研究[J]. 金融研究，(4)：122-130.
程书强. 2006. 机构投资者持股与上市公司会计盈余信息关系实证研究[J]. 管理世界，(9)：129-136.
褚剑，秦璇，方军雄. 2019. 中国式融资融券制度安排与分析师盈利预测乐观偏差[J]. 管理世界，35(1)：151-166，228.
崔玉英，李长青，郑燕，等. 2014. 公司成长、盈余波动与财务分析师跟踪——来自中国证券市场的经验证据[J]. 管理评论，26(4)：60-72.
戴文涛，刘秀梅，陈红，等. 2017. 会计准则改革提高了审计收费吗？[J]. 会计研究，(2)：29-34，96.
邓建平，曾勇. 2011. 金融关联能否缓解民营企业的融资约束[J]. 金融研究，(8)78-92.
邓可斌，曾海舰. 2014. 中国企业的融资约束：特征现象与成因检验[J]. 经济研究，49(2)：47-60，140.

丁方飞, 范丽. 2009. 我国机构投资者持股与上市公司信息披露质量——来自深市上市公司的证据[J]. 软科学, 23（5）: 18-23.

丁志国, 张炎炎, 任浩锋. 2020. 供给侧结构性改革的"去产能"效应测度[J]. 数量经济技术经济研究, 37（7）: 3-25.

董望, 陈俊, 陈汉文. 2017. 内部控制质量影响了分析师行为吗？——来自中国证券市场的经验证据[J]. 金融研究,（12）: 191-206.

杜勇, 谢瑾, 陈建英. 2019. CEO 金融背景与实体企业金融化[J]. 中国工业经济,（5）: 136-154.

樊纲, 王小鲁, 朱恒鹏. 2011. 中国市场化指数——各地区市场化相对进程 2011 年报告[M]. 北京: 经济科学出版社.

方红星, 张勇. 2016. 供应商/客户关系型交易、盈余管理与审计师决策[J]. 会计研究,（1）: 79-86, 96.

方军雄. 2007. 我国上市公司信息披露透明度与证券分析师预测[J]. 金融研究,（6）: 136-148.

冯旭南, 陈工孟. 2011. 什么样的上市公司更容易出现信息披露违规——来自中国的证据和启示[J]. 财贸经济,（8）: 51-58.

高雷, 张杰. 2008. 公司治理、机构投资者与盈余管理[J]. 会计研究,（9）: 64-72, 96.

葛新旗, 冯怡. 2019. 经营风险、内部控制与审计费用——基于上市公司 2015-2017 年的数据经验[J]. 投资研究, 38（6）: 58-68.

韩剑, 王静. 2012. 中国本土企业为何舍近求远：基于金融信贷约束的解释[J]. 世界经济, 35（1）: 98-113.

韩立岩, 刘博研. 2011. 公司治理、不确定性与现金价值[J]. 经济学（季刊）, 10（2）: 523-550.

何威风, 刘巍. 2015. 企业管理者能力与审计收费[J]. 会计研究,（1）: 82-89, 97.

侯宇, 叶冬艳. 2008. 机构投资者、知情人交易和市场效率——来自中国资本市场的实证证据[J]. 金融研究,（4）: 131-145.

胡军, 王甄. 2015. 微博、特质性信息披露与股价同步性[J]. 金融研究,（11）: 190-206.

胡奕明, 林文雄. 2005. 信息关注深度、分析能力与分析质量——对我国证券分析师的调查分析[J]. 金融研究,（2）: 46-58.

贾琬娇, 洪剑峭, 徐媛媛. 2015. 我国证券分析师实地调研有价值吗？——基于盈余预测准确性的一项实证研究[J]. 投资研究, 34（4）: 96-113.

姜付秀, 黄磊, 张敏. 2009. 产品市场竞争、公司治理与代理成本[J]. 世界经济, 32（10）: 46-59.

蒋祥林. 2015. 公司治理对股市信息不对称性和流动性的影响[J]. 经济经纬, 32（5）: 138-143.

揭晓小. 2015. 公司规模、分析师选择偏差和公司市场绩效——基于收购方公司视角的研究[J]. 财贸经济,（11）: 59-74.

金智. 2010. 新会计准则、会计信息质量与股价同步性[J]. 会计研究,（7）: 19-26, 95

孔东民. 2006. 噪音交易、认知偏误与市场波动——基于一个状态可变经济[J]. 管理科学,（1）: 91-97.

孔东民. 2008. 中国股市投资者的策略研究：基于一个噪音交易模型[J]. 管理学报, 5（4）: 542-548.

孔东民, 孔高文, 刘莎莎. 2015a. 机构投资者、流动性与信息效率[J]. 管理科学学报, 18（3）: 1-15.

孔东民, 刘莎莎, 陈小林, 等. 2015b. 个体沟通、交易行为与信息优势: 基于共同基金访问的证据[J]. 经济研究, 50 (11): 106-119, 182.

雷倩华, 柳建华, 龚武明. 2012. 机构投资者持股与流动性成本——来自中国上市公司的经验证据[J]. 金融研究, (7): 182-195.

李补喜, 王平心. 2005. 上市公司审计费用率影响因素实证研究[J]. 南开管理评论, (2): 91-95, 99.

李春涛, 胡宏兵, 谭亮. 2013. 中国上市银行透明度研究——分析师盈利预测和市场同步性的证据[J]. 金融研究, (6): 118-132.

李丹, 袁淳, 廖冠民. 2016. 卖空机制与分析师乐观性偏差——基于双重差分模型的检验[J]. 会计研究, (9): 25-31.

李丹蒙. 2007a. 公司透明度与分析师预测活动[J]. 经济科学, (6): 107-117.

李江涛, 宋华杨, 邓迦予. 2013. 会计师事务所转制政策对审计定价的影响[J]. 审计研究, (2): 99-105.

李科, 徐龙炳. 2009. 资本结构、行业竞争与外部治理环境[J]. 经济研究, 44 (6): 116-128.

李科, 徐龙炳. 2011. 融资约束、债务能力与公司业绩[J]. 经济研究, 46 (5): 61-73.

李留闯, 田高良, 马勇, 等. 2012. 连锁董事和股价同步性波动: 基于网络视角的考察[J]. 管理科学, 25 (6): 86-100.

李明辉. 2009. 股权结构、公司治理对股权代理成本的影响——基于中国上市公司 2001~2006 年数据的研究[J]. 金融研究, (2): 149-168.

李明辉, 张娟, 刘笑霞. 2012. 会计师事务所合并与审计定价——基于2003—2009年十起合并案面板数据的研究[J]. 会计研究, (5): 86-92, 94.

李寿喜. 2007b. 产权、代理成本和代理效率[J]. 经济研究, (1): 102-113.

李爽, 吴溪. 2004. 监管信号、风险评价与审计定价: 来自审计师变更的证据[J]. 审计研究, (1): 13-18.

李维安, 李滨. 2008. 机构投资者介入公司治理效果的实证研究——基于 CCGINK 的经验研究[J]. 南开管理评论, 11 (1): 4-14.

李延喜, 杜瑞, 高锐, 等. 2007. 上市公司投资支出与融资约束敏感性研究[J]. 管理科学, (1): 82-88.

李延喜, 杜瑞, 高锐. 2011. 机构投资者持股比例与上市公司盈余管理的实证研究[J]. 管理评论, 23 (3): 39-45, 70.

李增泉, 叶青, 贺卉. 2011. 企业关联、信息透明度与股价特征[J]. 会计研究, (1): 44-51, 95.

廖明情, 凌冬宁, 邓路. 2019. 公司跨界经营、信息披露与分析师预测[J]. 系统工程理论与实践, 39 (2): 330-345.

林莞娟, 王辉, 韩涛. 2016. 股权分置改革对国有控股比例以及企业绩效影响的研究[J]. 金融研究, (1): 192-206.

林毅夫, 李志赟. 2005. 中国的国有企业与金融体制改革[J]. 经济学 (季刊), (3): 913-936.

林忠国, 韩立岩, 李伟. 2012. 股价波动非同步性——信息还是噪音? [J]. 管理科学学报, 15 (6): 68-81.

刘斌, 叶建中, 廖莹毅. 2003. 我国上市公司审计收费影响因素的实证研究——深沪市2001年报的经验证据[J]. 审计研究,（1）: 44-47.

刘行, 叶康涛. 2013. 企业的避税活动会影响投资效率吗？[J]. 会计研究,（6）: 47-53, 96.

刘莉亚, 何彦林, 王照飞, 等. 2015. 融资约束会影响中国企业对外直接投资吗？——基于微观视角的理论和实证分析[J]. 金融研究,（8）: 124-140.

刘启亮, 李蕙, 赵超, 等. 2014. 媒体负面报道、诉讼风险与审计费用[J]. 会计研究,（6）: 81-88, 97.

刘永泽, 高嵩. 2014. 信息披露质量、分析师行业专长与预测准确性——来自我国深市 A 股的经验证据[J]. 会计研究,（11）: 60-65, 96.

刘宇尧, 陆家骝. 2018. 融资约束、财务松弛与股价信息含量[J]. 管理科学, 31（5）: 147-160.

陆静. 2011. 投资者异质信念与上市公司盈余信息的甄别——基于 A-H 股分割市场的实证分析[J]. 中国管理科学, 19（5）: 129-137.

陆静, 曹国华, 唐小我. 2011. 基于异质信念和卖空限制的分割市场股票定价[J]. 管理科学学报, 14（1）: 13-27.

罗进辉, 蔡地. 2013. 媒体报道能够提高股价的信息含量吗？[J]. 投资研究, 32（5）: 38-53.

吕伟, 许培, 茅艳秋. 2016. 会计选择、鉴证质量与分析师预测效率[J]. 财经问题研究,（1）: 93-99.

潘克勤. 2008. 公司治理、审计风险与审计定价——基于 CCGINK 的经验证据[J]. 南开管理评论, 11（1）: 106-112.

祁斌, 黄明, 陈卓思. 2006. 机构投资者与股市波动性[J]. 金融研究,（9）: 54-64.

屈文洲, 谢雅璐, 叶玉妹. 2001. 信息不对称、融资约束与投资—现金流敏感性——基于市场微观结构理论的实证研究[J]. 经济研究, 46（6）: 105-117.

曲晓辉, 毕超. 2016. 会计信息与分析师的信息解释行为[J]. 会计研究,（4）: 16-26, 95.

沈红波, 寇宏, 张川. 2010. 金融发展、融资约束与企业投资的实证研究[J]. 中国工业经济,（6）: 55-64.

史永东, 王谨乐. 2014. 中国机构投资者真的稳定市场了吗？[J]. 经济研究, 49（12）: 100-112.

苏冬蔚, 熊家财. 2013. 股票流动性、股价信息含量与 CEO 薪酬契约[J]. 经济研究, 48（11）: 56-70.

苏治, 连玉君. 2011. 中国上市公司代理成本的估算——基于异质性随机前沿模型的经验分析[J]. 管理世界,（6）: 174-175, 188.

孙刚. 2011. 金融生态环境、股价波动同步性与上市企业融资约束[J]. 证券市场导报,（1）: 49-55.

孙灵燕, 李荣林. 2012. 融资约束限制中国企业出口参与吗？[J]. 经济学（季刊）, 11（1）: 231-252.

孙伟, 周瑶. 2012. 企业社会责任信息披露与资本市场信息不对称关系的实证研究[J]. 中国管理科学, 20（S2）: 889-893.

谭松涛, 崔小勇. 2015 上市公司调研能否提高分析师预测精度[J]. 世界经济, 38（4）: 126-145.

谭松涛, 甘顺利, 阚铄. 2015. 媒体报道能够降低分析师预测偏差吗？[J]. 金融研究,（5）: 192-206.

谭跃, 钟子英, 管总平. 2013. 公平信息披露规则能缓解证券分析师的利益冲突吗[J]. 南开管理评论, 16（4）: 43-54.

唐松, 胡威, 孙铮. 2011. 政治关系、制度环境与股票价格的信息含量——来自我国民营上市公司股价同步性的经验证据[J]. 金融研究,（7）: 182-195.
唐跃军. 2007. 审计收费、审计委员会与意见购买——来自2004-2005年中国上市公司的证据[J]. 金融研究,（4）: 114-128.
田高良, 封华, 张亭. 2019. 风险承担、信息不透明与股价同步性[J]. 系统工程理论与实践, 39（3）: 578-595.
田益祥, 刘鹏. 2011. 机构持股、特质风险与股票收益的实证研究[J]. 投资研究, 30（8）: 79-88.
童卫华. 2018. 机构投资者与公司治理: 新趋势和研究展望[J]. 证券市场导报,（6）: 26-31, 58.
王春飞, 伍丽娜, 陆正飞. 2010. 企业集团统一审计与审计质量[J]. 会计研究,（11）: 65-71, 97.
王高义. 2017. 投资者情绪、风险状态与股价暴跌[J]. 投资研究, 36（9）: 120-139.
王红建, 李青原, 邢斐. 2014. 经济政策不确定性、现金持有水平及其市场价值[J]. 金融研究,（9）: 53-68.
王谨乐, 史永东. 2016. 机构投资者、代理成本与公司价值——基于随机前沿模型及门槛回归的实证分析[J]. 中国管理科学, 24（7）: 155-162.
王克敏, 陈井勇. 2004. 股权结构、投资者保护与公司绩效[J]. 管理世界,（7）: 127-133, 148.
王琨, 肖星. 2005. 机构投资者持股与关联方占用的实证研究[J]. 南开管理评论, 8（2）: 27-33.
王良成, 陈汉文. 2010. 法律环境、事务所规模与审计定价[J]. 财贸经济,（4）: 69-75.
王满, 刘子旭. 2016. 民营企业政治关联对财务柔性储备的替代作用研究[J]. 管理科学, 29（5）: 116-133.
王文虎, 万迪昉, 吴祖光, 等. 2015. 投资者结构、交易失衡与商品期货市场的价格发现效率[J]. 中国管理科学, 23（11）: 1-11.
王小鲁, 樊纲, 胡李鹏. 2019. 中国分省份市场化指数报告（2018）[M]. 北京: 社会科学文献出版社.
王晓, 高洁, 陆强. 2015. 会计师事务所组织形式的不同及变更会影响审计费用吗?[J]. 管理评论, 27（10）: 19-32.
王亚平, 刘慧龙, 吴联生. 2009. 信息透明度、机构投资者与股价同步性[J]. 金融研究,（12）: 162-174.
王彦超. 2009. 融资约束、现金持有与过度投资[J]. 金融研究,（7）: 121-133.
王彦超. 2010. 融资约束、现金持有与现金价值[M]. 北京: 经济科学出版社.
王玉涛, 陈晓, 侯宇. 2010. 国内证券分析师的信息优势: 地理邻近性还是会计准则差异[J]. 会计研究,（12）: 34-40.
王竹泉, 王贞洁, 李静. 2017. 经营风险与营运资金融资决策[J]. 会计研究,（5）: 60-67, 97.
魏志华, 曾爱民, 李博. 2014. 金融生态环境与企业融资约束——基于中国上市公司的实证研究[J]. 会计研究,（5）: 73-80, 95.
吴超鹏, 唐菂. 2016. 知识产权保护执法力度、技术创新与企业绩效——来自中国上市公司的证据[J]. 经济研究, 51（11）: 125-139.
伍利娜. 2003. 盈余管理对审计费用影响分析——来自中国上市公司首次审计费用披露的证据[J]. 会计研究,（12）: 39-44.
伍燕然, 潘可, 胡松明, 等. 2012. 行业分析师盈利预测偏差的新解释[J]. 经济研究, 47（4）: 149-160.

肖浩, 孔爱国. 2014. 融资融券对股价特质性波动的影响机理研究: 基于双重差分模型的检验[J]. 管理世界, (8): 30-43, 187-188.

肖星, 王琨. 2005. 证券投资基金: 投资者还是投机者？[J]. 世界经济, (8): 75-81.

辛清泉, 谭伟强. 2009. 市场化改革、企业业绩与国有企业经理薪酬[J]. 经济研究, 44 (11): 68-81.

熊家财, 苏冬蔚. 2014. 股票流动性与企业资本配置效率[J]. 会计研究, (11): 54-60.

熊家财, 苏冬蔚. 2016. 股票流动性与代理成本——基于随机前沿模型的实证研究[J]. 南开管理评论, 19 (1): 84-96.

徐广成, 于悦, 陈智. 2016. 信息环境变化、投资者信息解读与特质信息含量[J]. 系统工程理论与实践, 36 (9): 2226-2239.

许年行, 洪涛, 吴世农, 等. 2011. 信息传递模式、投资者心理偏差与股价"同涨同跌"现象[J]. 经济研究, 46 (4): 135-146.

许年行, 江轩宇, 伊志宏, 等. 2012. 分析师利益冲突、乐观偏差与股价崩盘风险[J]. 经济研究, 47 (4): 127-140.

薛有志, 吴超. 2014. 代理成本、信息不对称与 IPO 前媒体报道[J]. 管理科学, 27 (5): 80-90.

杨丹, 万丽梅, 侯贝贝. 2013. 内部控制信息透明度与股权代理成本——基于 A 股主板制造业上市公司的经验证据[J]. 投资研究, 32 (3): 98-113.

杨海燕, 韦德洪, 孙健. 2012. 机构投资者持股能提高上市公司会计信息质量吗？——兼论不同类型机构投资者的差异[J]. 会计研究, (9): 16-23, 96.

杨华蔚, 韩立岩. 2011. 外部风险、异质信念与特质波动率风险溢价[J]. 管理科学学报, 14 (11): 71-80.

杨继伟. 2011. 股价信息含量与资本投资效率——基于投资现金流敏感度的视角[J]. 南开管理评论, 14 (5): 99-108.

杨青, 吉赟, 王亚男. 2019. 高铁能提升分析师盈余预测的准确度吗？——来自上市公司的证据[J]. 金融研究, (3): 168-188.

杨兴全, 孙杰. 2007. 企业现金持有量影响因素的实证研究——来自我国上市公司的经验证据[J]. 南开管理评论, (6): 47-54.

杨兴全, 张丽平, 吴昊旻. 2014. 市场化进程、管理层权力与公司现金持有[J]. 南开管理评论, 17 (2): 34-45.

杨兴全, 张照南. 2008. 制度背景、股权性质与公司持有现金价值[J]. 经济研究, 43 (12): 111-123.

姚宏, 李延喜, 高锐, 等. 2006. 信息结构风险偏好与、盈余操纵行为——一次实验研究的结论[J]. 会计研究, (5): 58-65, 96.

尹雷. 2010. 机构投资者持股与股价同步性分析[J]. 证券市场导报, (3): 72-77.

游家兴. 2008. 市场信息效率的提高会改善资源配置效率吗？——基于 R^2 的研究视角[J]. 数量经济技术经济研究, (2): 110-121.

游家兴. 2017. R^2 的复活——股价同步性研究评述与展望[J]. 管理科学学报, 20 (3): 63-79.

于丽峰, 唐涯, 徐建国. 2014. 融资约束、股价信息含量与投资–股价敏感性[J]. 金融研究, (11): 159-174.

郁玉环. 2012. 基于公司治理视角的信息披露影响因素分析[J]. 数量经济技术经济研究, 29 (8):

64-78.

袁振超, 岳衡, 谈文峰. 2014. 代理成本、所有权性质与业绩预告精确度[J]. 南开管理评论, 17（3）: 49-61.

袁知柱, 鞠晓峰. 2008. 中国上市公司会计信息质量与股价信息含量关系实证检验[J]. 中国管理科学, 16（S1）: 231-234.

袁知柱, 鞠晓峰. 2009. 制度环境、公司治理与股价信息含量[J]. 管理科学, 22（1）: 17-29.

岳衡, 林小驰. 2008. 证券分析师VS统计模型: 证券分析师盈余预测的相对准确性及其决定因素[J]. 会计研究, （8）: 40-49, 95.

张纯, 吕伟. 2007. 机构投资者、终极产权与融资约束[J]. 管理世界, （11）: 119-126.

张继勋, 陈颖, 吴璇. 2005. 风险因素对我国上市公司审计收费影响的分析——沪市2003年报的数据[J]. 审计研究, （4）: 34-38.

张敏, 姜付秀. 2010. 机构投资者、企业产权与薪酬契约[J]. 世界经济, 33（8）: 43-58.

张奇峰. 2005. 中国审计定价实证研究述评[J]. 会计研究, （6）: 87-93.

张天舒, 黄俊. 2013. 金融危机下审计收费风险溢价的研究[J]. 会计研究, （5）: 81-86, 96.

张艳. 2005. 我国证券市场泡沫形成机制研究——基于进化博弈的复制动态模型分析[J]. 管理世界, （10）: 34-40.

张亦春, 李鹏. 2008. 市场更有效了吗: 从有限理性人到机构投资者[J]. 财贸经济, （3）: 17-20, 127.

张永任, 李晓渝. 2010. R^2与股价中的信息含量度量[J]. 管理科学学报, 13（5）: 82-90.

张兆国, 何威风, 闫炳乾. 2008. 资本结构与代理成本——来自中国国有控股上市公司和民营上市公司的经验证据[J]. 南开管理评论, （1）: 39-47.

张宗新, 张晓荣, 廖士光. 2005. 上市公司自愿性信息披露行为有效吗？——基于1998—2003年中国证券市场的检验[J]. 经济学（季刊）, （1）: 369-386.

赵良玉, 李增泉, 刘军霞. 2013. 管理层偏好、投资评级乐观性与私有信息获取[J]. 管理世界, （4）: 33-47, 187-188.

甄红线, 王谨乐. 2016. 机构投资者能够缓解融资约束吗？——基于现金价值的视角[J]. 会计研究, （12）: 51-57, 96.

郑江淮, 何旭强, 王华. 2001. 上市公司投资的融资约束: 从股权结构角度的实证分析[J]. 金融研究, （11）: 92-99.

钟凯, 孙昌玲, 王永妍, 等. 2018. 资本市场对外开放与股价异质性波动——来自"沪港通"的经验证据[J]. 金融研究, （7）: 174-192.

钟覃琳, 陆正飞. 2018. 资本市场开放能提高股价信息含量吗？——基于"沪港通"效应的实证检验[J]. 管理世界, 34（1）: 169-179.

周开国, 李涛, 张燕. 2011. 董事会秘书与信息披露质量[J]. 金融研究, （7）: 167-181.

周林洁. 2014. 公司治理、机构持股与股价同步性[J]. 金融研究, （8）: 146-161.

朱春艳, 伍利娜, 田利辉. 2017. 代理成本、弹性信息披露对审计收费的影响[J]. 会计研究, （7）: 89-95, 97.

朱红军, 何贤杰, 陶林. 2007. 中国的证券分析师能够提高资本市场的效率吗——基于股价同步性和股价信息含量的经验证据[J]. 金融研究, （2）: 110-121.

Abbott L J, Parker S, Peters G F, et al. 2011. The association between audit committee characteristics and audit fees[J]. Auditing a Journal of Practice & Theory, 2: 17-32.

Admati A R, Pfleiderer P, Zechner J. 1994. Large Shareholder activism, risk sharing, and financial market equilibrium[J]. Journal of Political Economy, 102: 1097-1130.

Agrawal A, Mandelker G N. 1990. Large shareholders and the monitoring of managers: the case of antitakeover charter amendments[J]. The Journal of Financial and Quantitative Analysis, 25(2): 143-161.

Almazan A, Hartzell J C, Starks L T. 2015. Active institutional shareholders and costs of monitoring: evidence from executive compensation[J]. Financial Management, 34 (4): 5-34.

Almeida H, Campello M, Weisbach M S. 2004. The cash flow sensitivity of cash[J]. The Journal of Finance, 59 (4): 1777-1804.

Amihud Y. 2022. Market liquidity: illiquidity and stock returns: cross-section and time-series effects[J]. Journal of Financial Market, 5 (1): 31-56.

Ang A, Hodrick R J, Xing Y, et al. 2006. The cross-section of volatility and expected returns[J]. The Journal of Finance, 61 (1): 259-299.

Ang J S, Cole R A, Lin J W. 2000. Agency costs and ownership structure [J]. The Journal of Finance, 55 (1): 81-106.

Barberis N, Shleifer A, Wurgler J. 2005. Comovement[J]. Journal of Financial Economics, 75 (2): 283-317.

Barron O E, Kim O, Lim S C, et al. 1998. Using analysts' forecasts to measure properties of analysts' information environment[J]. Accounting Review, 73 (4): 421-433.

Beasley M S, Carcello J V, Hermanson D R, et al. 2000. Fraudulent financial reporting: consideration of industry traits and corporate governance mechanisms[J]. Accounting Horizons, 14 (4): 441-454.

Beaver W, Lambert R, Morse D. 1980. The information content of security prices[J]. Journal of Accounting and Economics, 2 (1): 3-28.

Beaver W H, Lambert R A, Ryan S G. 1987. The information content of security prices: a second look[J]. Journal of Accounting & Economics, 9 (2): 139-157.

Becker S O, Ichino A. 2002. Estimation of average treatment effects based on propensity scores[J]. The Stata Journal: Promoting Communications on Statistics and Stata, 2 (4): 358-377.

Berle A A, Means G C. 1930. Corporations and the public investor[J]. The American Economic Review, 20 (1): 54-71.

Bhushan R. 1989. Firm characteristics and analyst following[J]. Journal of Accounting and Economics, 11 (2/3): 255-274.

Boehmer E, Kelley E K. 2009. Institutional investors and the informational efficiency of prices [J]. Securities Market Herald, 22 (9): 3563-3594.

Brent A. 2002. Some funds try shareholder activism[J]. Mutual Fund Market News, 25: 1-3.

Campbell J Y, Lettau M, Xu M Y. 2001. Have individual stocks become more volatile? An empirical exploration of idiosyncratic risk[J]. The Journal of Finance, 56 (1): 1-43.

Cao C, Simin T, Zhao J. 2008. Can growth options explain the trend in idiosyncratic risk?[J]. The Review of Financial Studies, 21 (6): 2599-2633.

Chakravarty S. 2013. Stealth-trading: which traders' trades move stock prices?[J]. Journal of Financial Economics, 61 (2): 289-307.

Chan D K. 1999. "Low-Balling" and efficiency in a two-period specialization model of auditing competition[J]. Contemporary Accounting Research, 16 (4): 609-642.

Chan K, Hameed A. 2006. Stock price synchronicity and analyst coverage in emerging markets[J]. Journal of Financial Economics, 80 (1): 115-147.

Chan L K C, Lakonishok J, Sougiannis T. 2001. The stock market valuation of research and development expenditures[J]. The Journal of Finance, 56 (6): 2431-2456.

Chen Q, Goldstein I, Jiang W. 2007. Price informativeness and investment sensitivity to stock price[J]. Review of Financial Studies, 20 (3): 619-650.

Chordia T, Roll R, Subrahmanyam A. 2005. Evidence on the speed of convergence to market efficiency[J]. Social Science Electronic Publishing, 76 (2): 271-292.

Chun H, Jung-Wook K, Morck R, et al. 2007. Creative destruction and firm-specific performance heterogeneity[J]. Journal of Financial Economics, 89 (1): 109-135.

Cleary S. 1999. The relationship between firm investment and financial status[J]. The Journal of Finance, 54 (2): 673-692.

Clement M B. 1999. Analyst forecast accuracy: do ability, resources, and portfolio complexity matter?[J]. Journal of Accounting and Economics, 27 (3): 285-303.

Collins D W, Kothari S P, Shanken J A, et al. 2004. Lack of timeliness and noise as explanations for the low contemporaneous return-earnings association[J]. Social Science Electronic Publishing, 18 (3): 289-324.

Craswell A T, Francis J R, Taylor S L. 1995. Auditor brand name reputations and industry specializations[J]. Journal of Accounting & Economics, 3: 297-322.

Daniel K, Titman S. 1997. Evidence on the characteristics of cross sectional variation in stock return[J]. The Journal of Finance, 52 (1): 1-33.

Dasgupta S, Gan J, Gao N. 2010. Transparency, price informativeness, and stock return synchronicity theory and evidence[J]. Journal of Financial and Quantitative Analysis, 5: 1189-1220.

de Long J B, Shleifer A, Summers L H, et al. 1989. The size and incidence of the losses from noise trading[J]. The Journal of Finance, 3: 681-696.

de Long J B, Shleifer A, Summers L H, et al. 1990. Noise trader risk in financial markets [J]. Journal of Political Economy, 98 (4): 703-738.

Defond M L, Francis J R, Wong T J. 2000. Auditor industry specialization and market segmentation: evidence from Hong Kong[J]. Auditing: A Journal of Practice & Theory, 19(1): 49-66.

Defond M L, Hung M. 2004. Investor protection and corporate governance: evidence from worldwide CEO turnover[J]. Journal of Accounting Research, 2004, 42 (2): 269-312.

Denis D J, Sibilkov V. 2009. Financial constraints, investment, and the value of cash holdings[J]. The Review of Financial Studies, 23 (1): 247-269.

Dow J, Gorton G B. 1997. Stock market efficiency and economic efficiency: is there a connection?[J]. The Journal of Finace, 52（3）: 1087-1129.

Durnev A, Morck R, Yeung B. 2001. Does firm-specific information in stock prices guide capital allocation?[J]. Nber Working Papers.

Durnev A, Morck R, Yeung B. 2004. Value enhancing capital budgeting and firm-specfic stock return variations[J]. The Journal of Finance, 59: 65-105.

Durnev A, Morck R, Yeung B, et al. 2003. Does greater firm-specific return variation mean more or less informed stock pricing?[J]. Journal of Accounting Research, 41（5）: 797-836.

Duru A , Reeb D M .2002. International diversification and analysts' forecast accuracy and bias[J]. Accounting Review, 77（2）: 415-433.

Easley D, Kiefer N M, O'Hara M. 1997. One day in the life of a very common stock[J]. The Review of Financial Studies, 10（3）: 805-835.

Fama E F. 1965. Random walks in stock market prices[J]. Financial Analysts Journal, 21（5）: 55-59.

Fama E F. 1970. American finance association efficient capital markets: a review of theory and empirical work[J]. The Journal of Finance, 25（2）: 383-417.

Fama E F, French K R. 1998. Taxes, financing decisions, and firm value[J]. The Journal of Finance, 53（3）: 819-843.

Faulkender M, Wang R. 2006. Corporate financial policy and the value of cash[J]. The Journal of Finance, 61: 1957-1990.

Faure-Grimaud A, Gromb D. 2004. Public trading and private incentives[J]. The Review of Financial Studies, 17（4）: 985-1014.

Fazzari S, Hubbard R G, Petersen B. 1998. Financing constraints and corporate investment[J]. Brooking Papers on Economic Activity, 1: 141-195.

Ferreira M A, Laux P A. 2007. Corporate governance, idiosyncratic risk, and information flow[J]. The Journal of Finance, 62（2）: 951-989.

Fishman M J, Hagerty K M. 1992. Insider trading and the efficiency of stock prices[J]. The RAND Journal of Economics, 23（1）: 106-122.

Francis J. 1984. The effect of audit firm size on audit prices: a study of the Australian market[J]. Journal of Accounting and Economics, 6（2）: 133-151.

Francis J, Philbrick D. 1993. Analysts' decisions as products of a multi-task environment[J]. Journal of Accounting Research, 31（2）: 216-230.

Grossman S J, Hart O. 1982. Corporate financial structure and managerial incentives[M]//Mccall J J. The Economics of Information and Uncertainty. Chicago: University of Chicago Press: 107-140.

Grossman S J, Stigilitz J E. 1980. On the impossibility of informationally efficient markets[J]. American Economic Review, 70（3）: 393-408.

Hadlock C J, Pierce J R. 2010. New evidence on measuring financial constraints: moving beyond the KZ index[J]. Review of Financial Studies, 23: 1909-1940.

Haggard K S, Martin X, Pereira R. 2008. Does voluntary disclosure improve stock price Informativeness?[J]. Financial Management, 37（4）: 747-768.

Harford J. 1999. Corporate cash reserves and acquisitions[J]. The Journal of Finance, 54（6）: 1969-1997.
Hennessy C A, Whited T M. 2005. Debt dynamics[J]. The Journal of Finance, 60（3）: 1129-1165.
Holmström B, Tirole B H. 1993. Market liquidity and performance monitoring[J]. Journal of Political Economy, 101（4）: 678-709.
Hong H, Kubik J D, Solomon A. 2000. Security analysts' career concerns and herding of earnings forecasts[J]. Rand Journal of Economics, 31（1）: 121-144.
Hu C H, Liu S S. 2013. The implications of low R^2: evidence from China[J]. Emerging Markets Finance and Trade, 49（1）: 17-32.
Hutton A P, Marcus A J, Tehranian H. 2008. Opaque financial reports, R-Square, and crash Risk[J]. Social Science Electronic Publishing, 94（1）: 67-86.
Jackson A R. 2005. Trade generation, reputation, and sell-side analysts[J]. The Journal of Finance, 60（2）: 673-717.
Jayaraman S, Milbourn T T. 2012. The role of stock liquidity in executive compensation[J]. Accounting Revie, 87（2）: 537-563.
Jensen M C. 1986. Agency costs of free cash flow, corporate finance, and takeovers[J]. American Economic Review, 76（2）: 323-329.
Jensen M C, Meckling W H. 1976. Theory of the firm: managerial behavior, agency costs and ownership structure[J]. Journal of Financial Economics, 3（4）: 305-360.
Jin L, Myers S C. 2006. R^2 around the world: new theory and new tests[J]. Journal of Financial Economics, 79（2）: 257-292.
Kang Q, Liu Q. 2008. Stock trading, information production, and executive incentives[J]. Journal of Corporate Finance, 14（4）: 494-498.
Kaplan S, Zingales L. 1997. Do investment-cash flow sensitivities provide useful measure of finance constraints?[J]. Quarterly Journal of Economics, 112: 169-215.
Karamanou I, Vafeas N. 2010. The association between corporate boards, audit committees, and management earnings forecasts: an empirical analysis[J]. Journal of Accounting Research, 43（3）: 453-486.
Kelly P J. 2014. Information efficiency and firm-specific return variation[J]. The Quarterly Journal of Finance, 4（4）: 1450018.
Kim O, Verrecchia R E. 2001. The relation among disclosure, returns, and trading volume information[J]. The Accounting Review, 76（4）: 633-654.
King B F. 1966. Market and industry factors in stock price behavior[J]. the Journal of Business, 39（1）: 139-190.
Knutson P. 1993. Financial reporting in the 1990s and beyond: a position paper [R]. Association for Investment Management and Research.
Kothari S P, Leone A J, Wasley C E. 2005. Performance matched discretionary accrual measures[J]. Journal of Accounting and Economics, 39（1）: 163-197.
Kreutzfeldt R W, Wallace W A. 1986. Error characteristics in audit populations: their profile and

relationship to environmental factors[J]. Auditing: A Journal of Practice & Theory, 1: 20-43.

Lang M H, Lundholm R J. 1996. Corporate disclosure policy and analyst behavior[J]. Accounting Review, 71 (4): 467-492.

Lee D W, Liu M H. 2001. Does more information in stock price lead to greater or smaller idiosyncratic return volatility?[J]. Journal of Banking & Finance, 35 (6): 1563-1580.

Lewellen W G, Huntsman B. 1970. Managerial pay and corporate performance[J]. The American Economic Review, 60 (4): 710-720.

Li B, Rajgopal S, Venkatachalam M. 2014. R^2 and idiosyncratic risk are not interchangeable[J]. The Accounting Review, 2014, 89 (6): 2261-2295.

Li S, Brockman P, Zurbruegg R. 2015. Cross-listing, firm-specific information, and corporate governance: evidence from Chinese A-shares and H-shares[J]. Journal of Corporate Finance, 32 (C): 347-362.

Lim S C, Ro B T, Pyo Y. 2001. Analysts' earnings forecast revision around industry member firms' earnings announcement[J]. Advances in Accounting, Incorporating Advances in International Accounting, 18: 149-168.

Liu M H. 2012. Idiosyncratic return volatility and price informativeness: evidence from stock splits[EB/OL]. https://www.researchgate.net/publication/228259705_Idiosyncratic_Return_Volatility_and_Price_Informativeness_Evidence_from_Stock_Splits.

Ljungqvist A, Habib M. 2005. Firm value and managerial incentives: a stochastic frontier approach[J]. Journal of Business, 78 (6): 2053-2094.

Lo A W, Mackinla A C. 1988. Stock market prices do not follow random walks: evidence from a simple specification test [J]. Review of Financial Studies, 1 (1): 41-66.

Love I. 2003. Financial development and financing constraints: international evidence from the structural investment model[J]. Review of Financial Studies, 16 (3): 765-791.

Maug E. 1998. Large shareholders as monitors: is there a trade-off between liquidity and control?[J]. The Journal of Finance, 53 (1): 65-98.

Mcnichols M. 1989. Evidence of informational asymmetries from management earnings forecasts and stock returns[J]. The Accounting Review, 64 (1): 1-27.

Mcnichols M, O'Brien P C. 1997. Self-selection and analyst coverage[J]. Journal of Accounting Research, 35 (4): 167-199.

Morck R, Shleifer A, Vishny R W. 1988. Management ownership and market valuation: an empirical analysis [J]. Journal of Financial Economics, 20 (88): 293-315.

Morck R, Yeung B, Yu W. 2000. The information content of stock markets: why do emerging markets have synchronous stock price movements?[J]. Journal of Financial Economics, 58 (1/2): 215-260.

Morck R, Yeung B, Yu W. 2013. R-squared and the economy[R]. National Bureau of Economic Research.

Morgan D P. 2002. Rating banks: risk and uncertainty in an opaque industry[J]. The American Economic Review, 92: 874-888.

Myers S C, Majluf N S. 1984. Corporate financing decisions when firms have information investors do not have[J]. Journal of Financial Economics, 13（2）: 187-221.

O'Brien P C, Bhushan R. 1990. Analyst following and institutional ownership[J]. Journal of Accounting Research, 28: 55-76.

Opler T, Pinkowitz L, Stulz R, et al. 1999. The determinants and implications of corporate cash holdings[J]. Journal of Financial Economics, 52（1）: 3-46.

Parrino R, Sias R W, Starks L T. 2003. Voting with their feet: institutional ownership changes around forced CEO turnover[J]. Journal of Financial Economics, 68（1）: 3-46.

Pástor L, Veronesi P. 2006. Was there a Nasdaq bubble in the late 1990s?[J]. Journal of Financial Economics, 81（1）: 61-100.

Pinkowitz L, Stulz R, Willamson R. 2006. Does the contribution of corporate cash holdings and dividends to firm value depend on governance? A cross-country Analysis[J]. The Journal of Finance, 61（6）: 2725-2751.

Pratt J, Stice J D. 1994. The effects of client characteristics on auditor litigation risk judgments, required audit evidence, and recommended audit fees[J]. Accounting Review, 69（4）: 639-656.

Roll R. 1988. R^2 [J]. The Journal of Finance, 43（2）: 541-566.

Rosenbaum P R, Rubin D B. 1983. The central role of the propensity scores in observational studies for causal effects[J]. Biometrika, 70（1）: 41-55.

Rosenbaum P R, Rubin D B. 1985. Constructing a control group using multivariate matched sampling methods that incorporate the propensity score [J]. American Statistician, 39（1）: 33-38.

Roychowdhury S. 2006. Earnings management through real activities manipulation[J]. Journal of Accounting & Economics, 3: 335-370.

Schipper K. 1991. Analysts' forecasts[J]. Accounting Horizons, 5（4）: 105-131.

Scholes M, Williams J. 1977. Estimating betas from nonsynchronous data[J]. Journal of Financial Economics, 5（3）: 309-327.

Schutte M, Unlu S E. 2009. Do security analysts reduce noise?[J]. Financial Analysts Journal, 65（3）: 40-54.

Seetharaman A, Balachandran M, Saravanan A S. 2004. Accounting treatment of goodwill: yesterday, today and tomorrow: problems and prospects in the international perspective[J]. Journal of intellectual capital, 5（1）: 131-152.

Shiller R J. 1981. Do stock prices move too much to be justified by subsequent changes in dividends?[J]. Nber Working Papers, 71（3）: 421-436.

Shleifer A, Lakonishok J, Vishny R W. 1992. The impact of institutional trading on stock price[J]. Journal of Financial Economics, 32（1）: 23-43.

Shleifer A, Vishny R W. 1986. Large shareholders and corporate control[J]. Journal of Political Economy, 94（3）: 461-488.

Shleifer A, Vishny R W. 1989. Management entrenchment: the case of manager-specific investments[J]. Journal of Financial Economics, 25（1）: 123-139.

Shleifer A, Vishny R W. 1997. A survey of corporate governance[J]. The Journal of Finance, 52（2）:

737-783.

Shleifer A, Wolfenson D. 2000. Investor protection and equity markets[J]. Journal of Financial Economics, 66（1）: 3-27.

Shores D. 1990. The association between interim information and security returns surrounding earnings announcement[J]. Journal of Accounting Research, 28（1）: 164-181.

Simunic D A. 1980. The pricing of audit services: theory and evidence[J]. Journal of Accounting Research, 18（1）: 161-190.

Skaife H A, Gassen J, Lafond R. 2006-03-29. Does stock price synchronicity represent firm-specific information? The international evidence[EB/OL]. http://ssrn.com/abstract=2405465.

Stulz R. 1988. Managerial control of voting rights: financing policies and the market for corporate control[J]. Journal of Financial Economics, 20: 25-54.

Subrahmanyam A, Titman S. 1999. The Going-public decision and the development of financial markets[J]. The Journal of Finance, 54（3）: 1045-1082.

Teoh S H, Yang Y G, Zhang Y. 2006-08-29. R-square and market efficiency[EB/OL]. http://ssrn.com/abstract=926948.

Tirole J. 2003. Inefficient foreign borrowing: a dual-and common-agency perspective[J]. American Economic Review, 93（5）: 1678-1702.

Tobin J. 1969. A general equilibrium approach to monetary theory[J]. Journal of Money Credit & Banking, 1（1）: 15-29.

Vassalou M, Apedjinou K. 2005-02-07. Corporate innovation, price momentum, and equity returns[EB/OL]. http://ssrn.com/abstract=663361.

Wang X, Wu M. 2011. The quality of financial reporting in China: an examination from an accounting restatement perspective[J]. China Journal of Accounting Research, 4（4）: 167-196.

Wei S X, Zhang C. 2006. Why did individual stocks become more volatile?[J]. The Journal of Business, 79（1）: 259-292.

Welker M.1995. Disclosure policy, information asymmetry, and liquidity in equity markets[J]. Contemporary Accounting Research, 11（2）: 801-827.

West K D. 1988. Dividend innovations and stock-price volatility[J]. Econometrica, 56（1）: 37-61.

Whited T M, Wu G. 2006. Financial constraints risk[J]. The Review Financial Studies, 19（2）: 531-559.

Woidtke T. 2002. Agents watching agents? Evidence from pension fund ownership and firm value[J]. Journal of Financial Economics, 63（1）: 99-131.

Wurgler J. 2001. Financial markets and the allocation of capital[J]. Journal of Financial Economics, 58（1）: 187-214.